Volumen I Volumen II

Si quiere usted subcribirse a los tomos de esta colección:

editorial@espejodetinta.es

Documentación: Pilar Garrido
Artistas: Alfonso Azpiri, Antonio González
Producción: Gloria García
Fotografías: «Oronoz Fotógrafos», archivo propio y archivo fotográfico Grupo Zeta.
Diseño de cubierta: Manuel García y Nieves Barco
Con la gentileza del Grupo Zeta

© A. Fraguas «Forges». Cedido el derecho de reproducción para la presente edición a Espejo de Tinta S.L.

© Espejo de Tinta, S.L., 2007

Obra declarada como Texto de Apoyo para Bachillerato por el Ministerio de Educación para el área de Historia.

Todos los derechos reservados. No está permitida la reimpresión de parte alguna de este libro, ni tampoco su reproducción, ni utilización, en cualquier forma o por cualquier medio, bien sea electrónico, mecánico, químico o de otro tipo, tanto conocido como los que puedan inventarse, incluyendo el fotocopiado o grabación, ni se permite su almacenamiento en un sistema de información y recuperación, sin el permiso anticipado y por escrito del autor y del editor.
ISBN (obra completa): 978-84-96280-61-8
ISBN (del presente volumen): 978-84-96280-96-0
Depósito Legal: V-1591-2007

Ediciones Espejo de Tinta
C/ General Arrando, 40 B – 28010 Madrid
Teléfono: 91 700 00 41
e-mail: editorial@espejodetinta.es
www.espejodetinta.es

Impresión: Nexográfico (Paterna) Valencia
Printed in Spain - Impreso en España

NOTA: La especial disposición del texto legal de la Constitución, que se contiene en este tomo, permite la ulterior sustitución por el nuevo texto en caso de reforma constitucional.

ÍNDICE

CAPÍTULO		PÁGINA
I	23-F (ASCIO)	5
II	GONZÁLEZ AL PODER	25
III	LA CONSTITUCIÓN	43

EN RESUMEN ...

1978	171
1979	187
1980	203

Capítulo I
23-F(ascio)

Primera huelga del fútbol español: la Liga se retrasa una semana. Son elegidos académicos de la Real de la Lengua, el poeta Carlos Bousoño y el filólogo Manuel Seco. Cinco individuos se llevan, tan panchos, 120 millones de pesetas de la Central de Correos de Madrid. El Barcelona gana la 1.ª Recopa de su historia al ganar por 4-3 al Fortuna de Dussendorf. Preparativos de Campeonato del Mundo de Fútbol'82: se elige como mascota al Naranjito.

¡O TE TOMAS EL POTITO, O TE COMPRO UN "NARANJITO"!

(EL SADISMO DESCARADO ME LE INDUCE AL PAREADO... TORTURANTES DE LA INFANCIA ¿PARA QUÉ LA DEMOCRACIA?)

Día Mundial del Medio Ambiente. Al buque «Fosfórico» se le escapa una nube de acrilato de etilo que se extiende sobre la ciudad Condal. En Marbella 10.000 seguidores del Gurú Maharaji, venidos de todo el mundo, asisten a un Congreso de 3 días en la plaza de toros. Fallece a los 63 años el poeta español Blas de Otero.

BLAS de OTERO el poeta de la INMENSA MAYORÍA

Hombre

Luchando, cuerpo a cuerpo, con la muerte,
al borde del abismo, estoy clamando
a Dios. Y su silencio, retumbando,
ahoga mi voz en el vacío inerte.

Oh Dios. Si he de morir, quiero tenerte
despierto. Y, noche a noche, no sé cuándo
oirás mi voz. Oh Dios. Estoy hablando
solo. Arañando sombras para verte.

Alzo la mano, y tú me la cercenas.
Abro los ojos: me los sajas vivos.
Sed tengo, y sal se vuelven tus arenas.

Esto es ser hombre: horror a manos llenas.
Ser —y no ser— eternos, fugitivos.
¡Ángel con grandes alas de cadenas!

El General Torres Rojas es nombrado Jefe de la Brunete. El día Mundial Antinuclear, la joven Gladis del Estal, muere de un balazo en una manifestación. Días después una bala de goma mata al cenetista Valentín González. Las FOP asaltan el Ayuntamiento de Rentería con botes de humo y pelotas de goma, hiriendo a concejales y vecinos allí reunidos.

LOS ÚLTIMOS ESTERTORES DE UNA SALVAJE REPRESIÓN QUE PARECÍA ETERNA...

1981 enero 1: Muere Manuel Irujo destacado militante del PNV, durante la 2.ª República. ETA vuela tres estaciones eléctricas en Guipúzcoa. Día 11: el PSUC elige una directiva leninista. Día 14: Fernando Castedo, nuevo Director General de RTVE. Día 17: ETA asesina en San Sebastián a un oficial retirado de la Policía Armada. Colapso circulatorio en Madrid a causa de la nieve.

Día 18: denuncias en Valladolid por concomitancias entre ultraderechistas y policía. Día 23: duros ataques de los intelectuales comunistas contra Santiago Carrillo. Día 22: fallece M.ª Moliner, autora del Diccionario de Uso del Español. Día 25: 10.000 manifestantes contra la OTAN y las bases norteamericanas, marchan sobre Torrejón. Día 28: Buero Vallejo y Carmen Carbonell premios nacionales de teatro. Día 29: Suárez presenta, inesperada e irrevocablemente, su dimisión al Rey. José M.ª Ryan, ingeniero Jefe de la central de Lemóniz es secuestrado por ETA.

El Diccionario de María Moliner, fundamental para "usar" el castellano, ya que explica todo lo que el de la Real Academia omite.

Como viene a cuento en este capítulo etárrico golpista, transcribimos aquí el artículo "MENTIR" del Diccionario de D.ª María, a cuya redacción dedicó la eximia lingüista toda su vida.

mentir. ① Decir cosas que no son verdad, para *engañar. (V.: «Decir una COSA por otra, hacer CREER, FORJAR, FRAGUAR, embustir, inventar, novelar, TRAMAR, URDIR, faltar a la VERDAD, ZURCIR. ▶ Arana, berlandina, bernardina, BLUF —no en D. R. A. E.—, BOLA, borrego, BULO, bunga, CALUMNIA, CAMELO, camote, CANARD —no en D. R. A. E.—, carambola, choba, CONSEJA, *CUENTO, droga, echada, EMBROLLO, *EMBUSTE, ENGAÑIFA, especiota, EXAGERACIÓN, *FÁBULA, falordia, faloria, FALSEDAD, FANFARRONADA, FARSA, PILFA, fulla, gazapa, GAZAPO, guáchara, guayaba, HABLILLA, INEXACTITUD, *INFUNDIO, *INVENCIÓN, jácara, *LEYENDA, macana, mendacio, MITO, moyana, NOVELA, obrepción, pajarota, papa, paparrucha, PATRAÑA, patrañuela, PÍLDORA, RENUNCIO, rondalla, SOFISMA, tenca, tinterillada, TRÁPALA, TROLA, trufa, volandera. ▶ Baratador, chapucero, echacuervos, EMBUSTERO, FALSARIO, FANFARRÓN, invencionero, MENDAZ, MENTIROSO, mintroso, parabolano, parádistero, petate, pitoflero, SOFISTA. ▶ De BOQUILLA, mendosamente. ▶ *CALUMNIA. *CHISME. *ENGAÑAR. *ERROR. *FALSO. *FICTICIO. *FINGIR. *INVENTAR. *PRETEXTO. *SIMULAR*.) ② (liter.). *Engañar a alguien una cosa haciéndole creer en la existencia de algo que no existe en la realidad: 'El deseo me mintió el rumor de un manantial'. ③ *Desentonar una cosa de otra o no estar en armonía con ella.
V. «mentir con toda la BARBA».
MENTIR alguien MÁS QUE HABLA. Mentir mucho y por costumbre.
No ME DEJARÁ MENTIR. Expresión familiar con que se apela al *testimonio de algo o alguien

Día 30: Felipe González, líder de la oposición se ofrece al Rey para formar un Gobierno de Coalición. UCD elige a Leopoldo Calvo Sotelo como candidato a la presidencia. El Rey suspende un viaje oficial a Estados Unidos, e inicia consultas con los líderes políticos en el Palacio de la Zarzuela.

El impetuoso Sr. Fraga liándose una vez más, en este caso merced a su chófer, secretamente afiliado al PSOE.

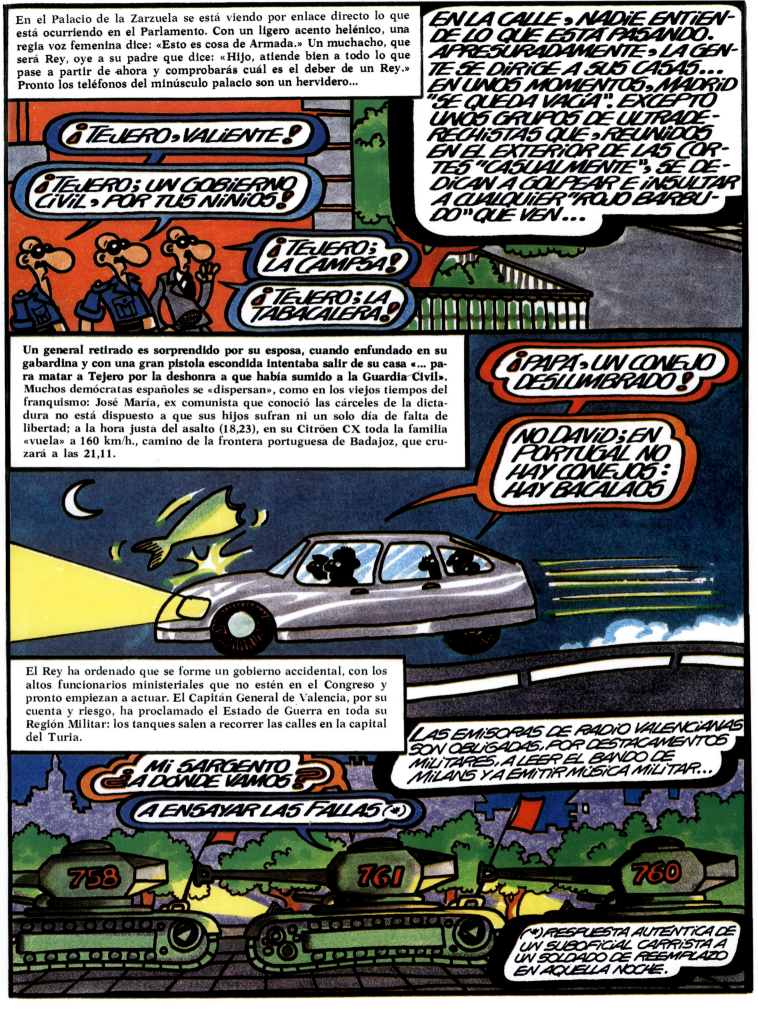

Excepto «lo de Valencia» el más alto organismo militar la JUJEM (Junta de Jefes de Estado Mayor), controla la situación. Los directores Generales de la Guardia Civil y de la Policía Nacional, montan su cuartel general en el Hotel Palace, frente al Parlamento: Dentro el Capitán Acera ha subido al estrado para decir a los diputados que esperen la llegada «... de la autoridad competente, militar por supuesto». Varios diputados, con minúsculos transistores están oyendo las emisoras de radio: es mentira; nadie secunda a los sublevados que han reunido a los líderes políticos en dependencia anejas al hemiciclo...

ALGUIEN HABLA DE ASALTAR EL CONGRESO POR LOS GEOS. SE DESESTIMA POR EL POSIBLE DERRAMAMIENTO DE SANGRE... HASTA ESE MOMENTO LA ÚNICA SANGRE DERRAMADA ES LA DE UNA SOMERA HERIDA NASAL DE UN DIPUTADO CANARIO, PRODUCIDA POR UNA ESQUIRLA DE CRISTAL DE UNA LÁMPARA, ROTA POR UNO DE LOS BALAZOS AL AIRE DE LOS ASALTANTES...

LOS TTES. GENERALES **ARAMBURU** Y **SÁENZ DE SANTAMARÍA**, JEFES DE LA GUARDIA CIVIL Y LA POLICÍA NACIONAL, LLEVARON LAS OPERACIONES "IN SITU".

«La noche que España no durmió»: Cuando el Rey aparece en las pantallas de TVE, todos respiramos tranquilos. ¿Por qué tardó tanto?, aparte de los follones inherentes a la situación hay algo que muy poca gente conoce: «tomado» **Prado del Rey**, hubo que reunir sin despertar sospechas entre los invasores, y luego sacar «campo a través», una cámara y un video autónomos, sin que las fuerzas ocupantes de la sede de TVE se dieran cuenta (1). Mientras el General Armada intenta «a título personal» convertirse en Jefón del Golpe...

JUGANDO A VARIAS BARAJAS, EL GENERAL **ARMADA** HACE VALER SU TEÓRICA AMISTAD CON EL REY... PERO SU "PASTEL IMPLICATIVO" SERÁ DESCUBIERTO...

¿UN GOBIERNO DE POLÍTICOS PRESIDIDO POR USTED? ¿PARA ESO ME HE JUGADO YO MI CARRERA?

HOMBRE; ALGO LE NOMBRARÉ, TEJERO

(1) NOTA PARA POSIBLES GOLPISTAS: COMO "DE LA VIDA SE APRENDE," AHORA AUNQUE "TOMEN" TODAS LAS EMISORAS DE RADIO Y TV., LA MONCLOA, LA ZARZUELA Y TODOS LOS MINISTERIOS, LES VA A DAR LO MISMO: TODO ESTÁ PREVISTO (Y BIEN PREVISTO); EN UN PAR DE MINUTOS USTEDES NO **HABRÁN NEUTRALIZADO NADA**. PRODIGIOS DE LA TÉCNICA, TÍOS.

Tras reiteradas desobediencias a las órdenes de sus superiores, viendo todo perdido, el General Milans se ve obligado a retirar el Bando, y los tanques vuelven a sus cuarteles valencianos. El resto de las horas hasta el amanecer es de un continuo tira y afloja entre asaltantes y rodeantes, hasta que, finalmente, los invasores se rinden. El astuto complot no ha valido: como ya veremos en nuestro próximo capítulo a un Rey no se le puede poner entre la espada y la pared, cuando está rodeado de su pueblo... y la traición y la mentira siempre acaban volviéndose contra sus arrojadores...

LOS INVASORES SE RINDEN Y ABANDONAN EL CONGRESO.

NO SE NOS PIERDAN NUESTRO PRÓXIMO (Y ¡UFFS! ÚLTIMO) CAPÍTULO **GONZÁLEZ AL PODER**

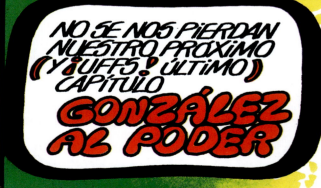

Capítulo II

GONZÁLEZ AL PODER

Los pájaros, los perros, las hortalizas... hasta se llega a decir que la neumonía atípica está causada por un escape de una bomba bacteriológica que los americanos tenían en la base de Torrejón. Todo el mundo se higieniza cantidad. A los expertos sanitarios no se les ocurrirá aplicar la informática para aunar los historiales vitales de los pacientes en los días previos al desencadenamiento de la enfermedad. Y así, sólo por casualidad, un pediatra madrileño dará en el clavo... varias semanas después de iniciada la mal llamada epidemia.

EN UNA FAMILIA, EL DR. TABUENCA DESCUBRE QUE UN LACTANTE TIENE LOS SÍNTOMAS... Y NO PUEDE SER POR LA LECHE MATERNA, YA QUE TOMA BIBERONES Y PAPILLAS.

HOSPITAL DEL NIÑO JESÚS

PIÉNSELO, SEÑORA; ES IMPORTANTÍSIMO ¿AÑADE USTED ALGO A LA PAPILLA QUE DA AL BEBÉ? LA HEMOS ANALIZADO Y ES CORRECTA...

FEDERICO

NO... BUENO, SÍ; UN POCO DE ACEITE PORQUE EL NIÑO ES MUY ESTREÑIDO

ACEITE... ¡ES EL ACEITE!

NOTA: EL NIÑO SE SALVÓ Y SE EMPEZÓ A INVESTIGAR LOS ACEITES.

El problema del aceite tóxico, médicamente hablando, es muy complicado e irresoluble: su ingestión no afecta a todos los que lo consumieron, de lo que parece deducirse que la enfermedad se declaraba *al defenderse el cuerpo humano contra el tóxico;* o sea, ante la agresión, la naturaleza creaba unas defensas corporales que acababan lesionando órganos vitales...

PERO OJO: COMO NO TODOS LOS HUMANOS SOMOS IGUALES, LA REACCIÓN ES DIFERENTE. A MUCHOS NO LES AFECTÓ EN ABSOLUTO. MIEMBROS DE LA MISMA FAMILIA TUVIERON SÍNTOMAS TOTALMENTE DIFERENTES. LA EVOLUCIÓN DE LA ENFERMEDAD ERA MÚLTIPLE: MUCHOS SE CURABAN Y MUCHOS FALLECÍAN SÚBITAMENTE. UNA GRAN MAYORÍA TENÍAN LARGAS ESTABILIZACIONES DE LA ENFERMEDAD... AÚN QUEDAN MUCHOS ENFERMOS, PERO, AFORTUNADAMENTE LA PRÁCTICA TOTALIDAD, AUNQUE LENTAMENTE VAN CURÁNDOSE... OJALÁ QUE PRONTO PUEDAN VOLVER A SONREÍR.

OTRA DE LAS HERENCIAS DEL FRANQUISMO: EL NULO CONTROL DE LA INDUSTRIA ALIMENTARIA. ESPAÑA ERA EL PARAÍSO DEL FRAUDE EN LOS ARTÍCULOS DE ALIMENTACIÓN: AÚN SE PODÍA ENVASAR PRODUCTOS CON EL REGISTRO DE SANIDAD EN TRÁMITE, SIN FECHA DE CADUCIDAD, Y CON EXIGUAS Y MÍNIMAS INSPECCIONES... AHORA LA COSA VA MÁS EN SERIO, PERO HAN TENIDO QUE MORIR MUCHOS ESPAÑOLES PARA QUE ASÍ SEA.

El Ministro responseibol de la salud, Sr. Sancho Rof, dice aquello tan magnífico de «El agente de la neumonía es un bichito que si se cae se mata.» Otras plagas, ETA y GRAPO, siguen masacrando seres humanos en aquella horrible primavera del 81: los etarras atentan contra el Jefe del Cuarto Militar del Rey, General Valenzuela, al que hieren gravemente, y asesinan al General González de Suso y a un policía nacional en Madrid; en Barcelona, a dos guardias civiles: Manifestaciones contra el terrorismo en toda España. Tres jóvenes, detenidos por la Guardia Civil en Almería, aparecen muertos en extrañas circunstancias. Ramón Tamames abandona el PCE, y cesa en su cargo municipal madrileño. Dimite Nuria Espert de su cargo al frente del Centro Dramático Nacional.

DIRECCIÓN GENERAL de TEATRO

¿DEBO ENTENDERLO COMO UNA DIMISIÓN?

Febrero: tras cobrar una pastizarra rescátil, los etarras liberan al anciano industrial Lipperheide. Cada uno por su lado, desde sus celdas-apartamentos, Armada y Milans se ponen como hoja de perejil, culpándose mutuamente de los eventos 23 efeños, en sutil preparación exultativa ante el avecinante juicio. El Gobierno inmoviliza las cuentas bancarias en España de Guinea Ecuatorial. Se reabren, muy restringidamente, las cuevas de Altamira.

CUEVAS de ALTAMIRA
SOLICITUDES DE VISITA

BUENAS, QUE CUÁNTAS PERSONAS PUEDEN ENTRAR AL DÍA
CUATRO
BUENO, PUES PÓNGAME...
...5 AÑOS

Se inicia el juicio del 23-F: el sano-llano pueblo español se va enterando, a través de los medios de comunicación, de que la capacidad de fabular tropelías y embustes por parte de los acusados puede llegar a no tener fin. Ninguno de ellos obró «por propia iniciativa», todos «obedecían órdenes superiores»... su frenesí enrollativo llega a intentar implicar al Rey en sus sucios manejos golpistas..., pero el pueblo no es tonto: Hay una pregunta clave, de «Pero Grullo», que todos los españoles nos hicimos, que es clarificadora de las aviesas intenciones golperas...

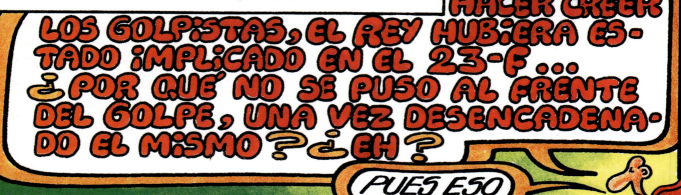

SI COMO QUERÍAN HACER CREER LOS GOLPISTAS, EL REY HUBIERA ESTADO IMPLICADO EN EL 23-F... ¿POR QUÉ NO SE PUSO AL FRENTE DEL GOLPE, UNA VEZ DESENCADENADO EL MISMO? ¿EH?
PUES ESO

Marzo: Continúa el chorreo-parídico de los golpistas; sus abogados no logran aportar *ni una sola prueba* de que las afirmaciones de sus defendidos son ciertas... Se va perfilando en la mente de todos la posibilidad de que uno de los encausados, el Comandante Cortina, del CESID, haya sido el «coordinador-empujativo» de los implicados, dada su pertenencia a los Servicios Secretos militares... Enterado de los «preparativos»; «empujará» a los conjurados, con el objetivo de evitar una mayor, solidez organizativa de los golpistas. No se para la vida política por el sonado juicio: En las Cortes la mayoría UCD-AP logra que no triunfe una propuesta izquierdizante para que los diputados declaren su patrimonio...

¡GE ESDA BRESIDENCIA DENGA EN GÜENTA GE GAMAS DIRE DONDE DENGO INVERTIDAS MIS RESACAS!
¡DODA UNA FIDA TRABAJÁNDOLAS EN SEGRETO, BARA AHORA DENER QUE DESGUBRIRLAS!
¡ES GE NI HABLAR!
ROMERALES, QUE TE LA PEGAS

Mayo: el fiscal pide 30 años para Milans, Armada y Tejero. El juicio del 23-F queda visto para sentencia. En el curso del proceso, un defensor ha llegado a decir que el video de la toma del Congreso «fue manipulado». Elecciones al Parlamento andaluz: a pesar de la pastoral del Obispo de Huelva, desaconsejando el voto a la izquierda, el PSOE barre: Escudero será Presidente. España pide en la ONU, un alto al fuego en las Malvinas: ni flores. El intento gubernamental de controlar las máquinas tragaperras (300.000 en el Reino), encuentra fuerte oposición entre los fabricantes. El «Papa» Clemente, junto con 8 de sus «Obispos», cuasi linchados en Alba de Tormes.

Junio: sentencias del 23-F. Milans y Tejero condenados a 30 años. El Gobierno recurrirá ante el Supremo contra la baja condena a Armada, que será aumentada hasta los 30 años por el alto tribunal. Los restantes implicados se llevan diversas penas: para casi todos supone la baja en el Ejército. El Comandante Cortina es absuelto (¿lo véeeen?). El civil García Carrés: 2 años. Las Clases y Tropa han sido absueltas. El reportaje de TVE, «golpe a la turca» es considerado por mucho personal parlamentario como apologante del golpismo. ETA pone una bomba en Rentería y el niño Alberto Muñagorri resulta gravísimamente mutilado. El Mundial-82 de fútbol a tope...

Julio: gravísima crisis final de UCD: Calvo Sotelo propone a Landelino Lavilla como Presidente del partido; es nombrado. Juicio del «Caso Almería»: El Teniente Coronel Castillo Quero, ex jefe de la Guardia Civil almeriense, condenado a 24 años de prisión «por homicidio». UCD se desintegra: 20 parlamentarios ingresan en el PDP de Oscar Alzaga. Suárez presenta su formación política CDS. Doce camiones españoles arden en Francia. Huelga general en Gijón: muchos destrozos por piquetes violentos. Ciento sesenta poblaciones (300.000 personas) en Alerta Roja por la sequía. España, fatal en su Mundial: el Campeón será Italia. El Barça consigue un crédito de 2,4 millones de dólares para fichar a Maradona.

Agosto: unos ladrones asaltan el tren correo Barcelona-Madrid: pocos duros. España, 4.º puesto en el Mundial de Baloncesto de Cali (Colombia). Calvo-Sotelo disuelve el Parlamento y convoca elecciones para el 28 de octubre. Caen los valores bursátiles. Maniobra golpista: presentar a Tejero, al frente de un partido, «Solidaridad Española» a las Generales, para que obtenga la libertad si sale diputado. PSOE y el PAD de Fernández-Ordóñez se alían. Follón del vertido de residuos radioactivos: movilización de los ecologistas de todo el mundo.

Septiembre: nacen 2 osos panda gemelos en el Zoo de Madrid. Un DC-10 de Spantax no logra despegar de Málaga y mueren 77 personas. Santiago Carrillo abandona la dirección del PCE. El PSOE, en su programa electoral, promete crear 800.000 puestos de trabajo. Suspende pagos Aluminio Español, S. A., del INI. Explosivos Riotinto dice que debe 100.000 millones de pesetas. UCD «reparte» sus últimos «pasteles»: concede «a dedo», 96 emisoras de FM.

Octubre: Rumasa compra Galerías Preciados. Un juez decreta la prisión, sin fianza, de Domingo Solís Ruiz, hermano del ex ministro franquista, como presunto autor de delitos monetarios a través de la Caja Rural de Jaén y una cooperativa agrícola jienense. El Papa anuncia la postergación de su viaje a España, hasta pasadas las elecciones. De Carlos, reelegido presidente del Real Madrid. Jesús Fernández Santos, premio Planeta'82. Mil quinientas personas abandonan sus hogares por el derrumbamiento de la presa de Tous, en la comunidad valenciana. La catástrofe, motivada por una gigantesca tromba de agua, se salda con cerca de 20 muertos y más de 25.000 millones de pérdidas, la visita a la zona es el «último acto» político de un Gobierno de UCD. Una auditoría descubre irregularidades económicas en el programa de TVE «300 millones».

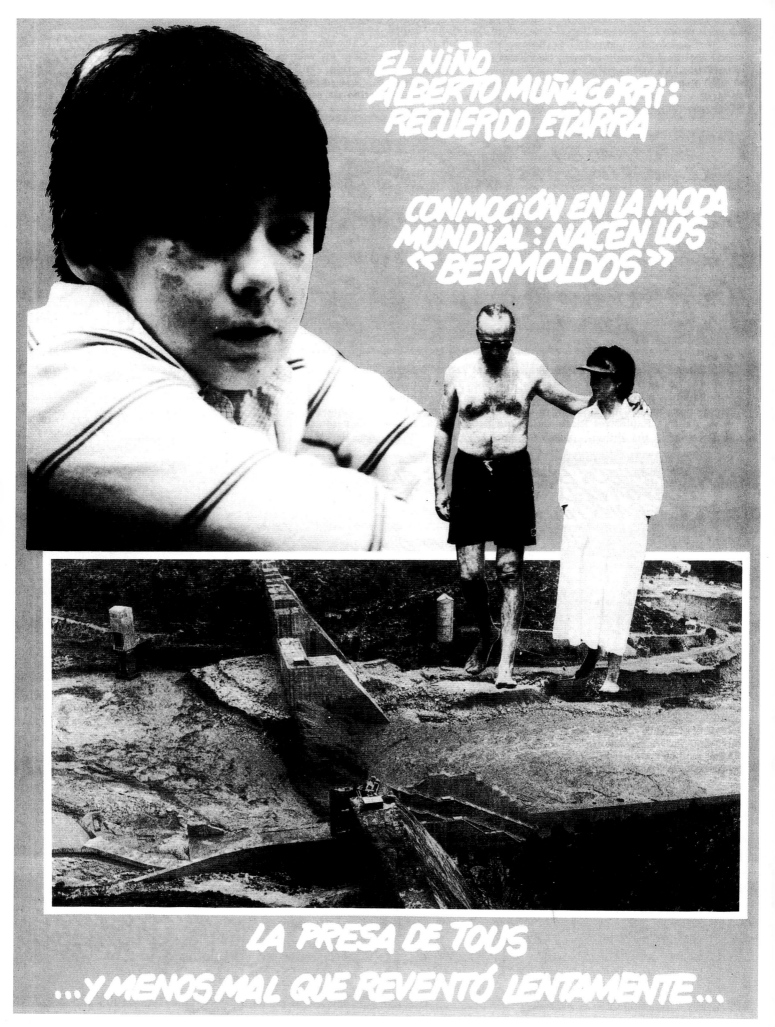

El día 6 de octubre de 1982 se inicia la campaña electoral. Son arrestados tres jefes militares, bajo la acusación de preparar otro golpe de estado, que se desencadenaría violentamente, por medio de comandos de obediencia ciega y artillería, el 27 de octubre; día de la jornada de reflexión. Fraga se muestra partidario de la pena capital en los casos de indisciplina militar. ETA (pm) anuncia su disolución total, pero ETA (m) sigue dándole a la violencia: el día 20, hace estallar 18 bombas en Euskadi y Navarra. Encuestas estadísticas auguran el triunfo del PSOE, la desaparición de UCD, y la ascensión a «2.ª fuerza» de la coalición AP-PDP.

Con una asistencia masiva a las urnas, los españoles hacen pagar con sus votos las veleidades de los «barones» ucedeos. La imagen de sensatez de Landelino Lavilla no logra motivar a los votantes, que han seguido estupefactos el devenir del «curioso partido» que no era ni Unión, ni de Centro, ni, desde luego, Democrático. Y así UCD «no tocará bola». Los iberos, en gran mayoría, han apostado por «el Cambio» preconizado por el PSOE en su programa electoral: con 10 millones de votos, un partido socialista, llega al poder en España. Su líder, un hombre joven, nacido tras la guerra civil, ha conectado con el pueblo, merced a su imagen de credibilidad y simpatía: Felipe González.

Sabiendo de su incapacidad para lograr más votos con un líder tan «tocado», la derecha intentará, desesperadamente, la búsqueda de un hombre capaz de convencer a la mayoría de los españoles para que en las próximas elecciones generales, se inclinen por la opción derechista.

Han sido unos años de transición galopante; los hechos y sucesos se han agolpado en nuestras mentes en parte por la libertad de información y también por el desarrollo vertiginoso de los medios de Comunicación...

En poco más de año y pico es justo y necesario reconocer que el asentamiento democrático ha sido evidentemente más profundo que en los anteriores gobiernos: el Ejército, por primera vez desde el óbito caudillar (parece que), acepta a un poder ejecutivo que le manda, simplemente, sin cobas ni adulaciones. La Banca apoya y comparte la política económica del Gobierno (quizá, bien es cierto, porque no hay otra). La Iglesia, salvo las lógicas «posiciones celestiales comilfó», no da «mucha caña» a la administración socialista... quedamos el estado lleno ¿cómo «lo vemos»? Hombre; *dicen* que estamos empezando la recuperación económica, que el paro ha dejado de destruir puestos de trabajo, que el terrorismo «va de capa caída», que la administración funciona mejor... Nosotros no vamos aquí a defender ni a sirios ni a troyanos; sólo vamos a repetir algo que ya hemos dicho varias veces a lo largo de las 2.016 páginas que componen esta Historia de España, duramente currada durante 1.825 días (5 años), a lo largo de más de 6.000 dibujos: POR PRIMERA VEZ, A LO LARGO DE NUESTRA DILATADA HISTORIA COMO PUEBLO, LOS IBEROS ESTAMOS JUNTOS. POR ESO, TODOS NUESTROS PROBLEMAS AHORA SI TIENEN SOLUCION.

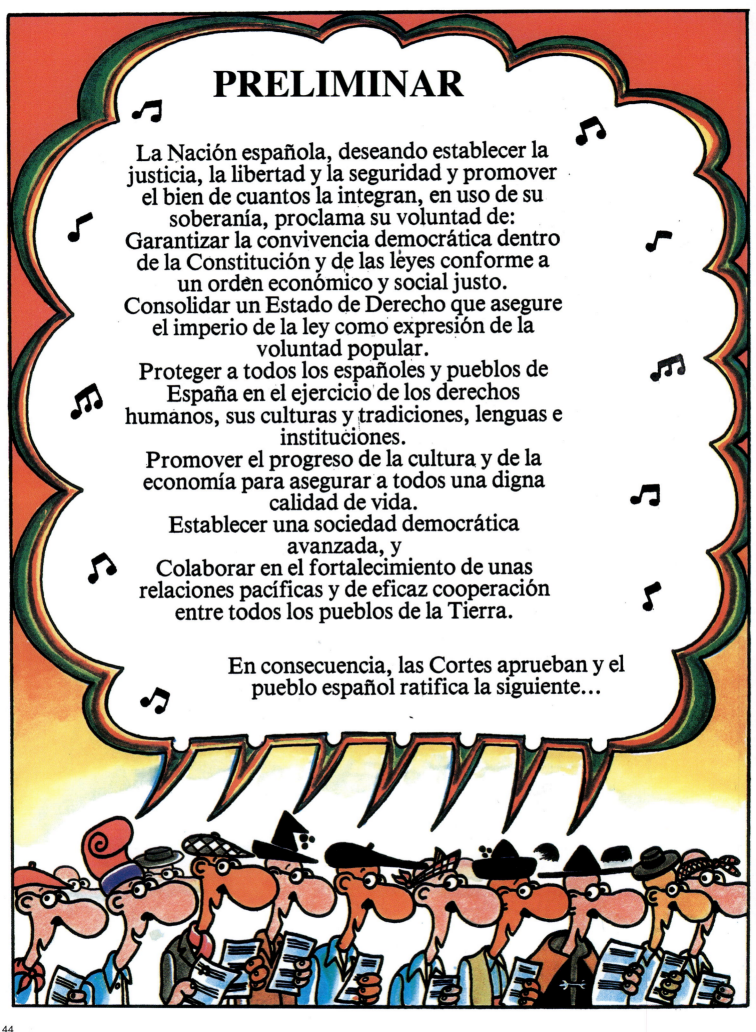

CONSTITUCION
TITULO PRELIMINAR

ARTICULO 1 1. España se constituye en un Estado social y democrático de Derecho, que propugna como valores superiores de su ordenamiento jurídico la libertad, la justicia, la igualdad y el pluralismo político.

2. La soberanía nacional reside en el pueblo español, del que emanan los poderes del Estado.

3. La forma política del Estado español es la Monarquía parlamentaria.

ARTICULO 2 La Constitución se fundamenta en la indisoluble unidad de la nación española, patria común e indivisible de todos los españoles, y reconoce y garantiza el derecho a la autonomía de las nacionalidades y regiones que la integran y la solidaridad entre todas ellas.

ARTICULO 3 1. El castellano es la lengua española oficial del Estado. Todos los españoles tienen el deber de conocerla y el derecho a usarla.

2. Las demás lenguas españolas serán también oficiales en las respectivas Comunidades Autónomas de acuerdo con sus Estatutos.

3. La riqueza de las distintas modalidades lingüísticas de España es un patrimonio cultural que será objeto de especial respeto y protección.

ARTICULO 4   1. La bandera de España está formada por tres franjas horizontales, roja, amarilla y roja, siendo la amarilla de doble anchura que cada una de las rojas.

2. Los Estatutos podrán reconocer banderas y enseñas propias de las Comunidades Autónomas. Estas se utilizarán junto a la bandera de España en sus edificios públicos y en sus actos oficiales.

ARTICULO 5   La capital del Estado es la villa de Madrid.

ARTICULO 6.   Los partidos políticos expresan el pluralismo político, concurren a la formación y manifestación de la voluntad popular y son instrumento fundamental para la participación política. Su creación y el ejercicio de su actividad son libres dentro del respeto a la Constitución y a la Ley. Su estructura interna y funcionamiento deberán ser democráticos.

ARTICULO 7. Los sindicatos de trabajadores y las asociaciones empresariales contribuyen a la defensa y promoción de los intereses económicos y sociales que les son propios. Su creación y el ejercicio de su actividad son libres dentro del respeto a la Constitución y a la Ley. Su estructura interna y funcionamiento deberán ser democráticos.

ARTICULO 8 1. Las Fuerzas Armadas, constituidas por el Ejército de Tierra, la Armada y el Ejército del Aire, tienen como misión garantizar la soberanía e independencia de España, defender su integridad territorial y el ordenamiento constitucional.

2. Una ley orgánica regulará las bases de la organización militar conforme a los principios de la presente Constitución.

ARTICULO 9 1. Los ciudadanos y los poderes públicos están sujetos a la Constitución y al resto del ordenamiento jurídico.

2. Corresponde a los poderes públicos promover las condiciones para que la libertad y la igualdad del individuo y de los grupos en que se integra sean reales y efectivas; remover los obstáculos que impidan o dificulten su plenitud y facilitar la participación de todos los ciudadanos en la vida política, económica, cultural y social.

3. La Constitución garantiza el principio de legalidad, la jerarquía normativa, la publicidad de las normas, la irretroactividad de las disposiciones sancionadoras no favorables o restrictivas de derechos individuales, la seguridad jurídica, la responsabilidad y la interdicción de la arbitrariedad de los poderes públicos.

TITULO I

De los derechos y deberes fundamentales

ARTICULO 10   1.   La dignidad de la persona, los derechos inviolables que le son inherentes, el libre desarrollo de la personalidad, el respeto a la ley y a los derechos de los demás son fundamento del orden político y de la paz social.

2.   Las normas relativas a los derechos fundamentales y a las libertades que la Constitución reconoce se interpretarán de conformidad con la Declaración Universal de Derechos Humanos y los Tratados y Acuerdos Internacionales sobre las mismas materias ratificados por España.

CAPITULO I   *De los españoles y los extranjeros*

ARTICULO 11   1.   La nacionalidad española se adquiere, se conserva y se pierde de acuerdo con lo establecido por la Ley.

2.   Ningún español de origen podrá ser privado de su nacionalidad.

3.   El Estado podrá concertar tratados de doble nacionalidad con los países iberoamericanos o con aquellos que hayan tenido o tengan una particular vinculación con España. En estos mismos pasíses, aun cuando no reconozcan a sus ciudadanos un derecho recíproco, podrán naturalizarse los españoles sin perder su nacionalidad de origen.

ARTICULO 12   Los españoles son mayores de edad a los 18 años.

ARTICULO 13   1.   Los extranjeros gozarán en España de las libertades públicas que garantiza el presente Título en los términos que establezcan los tratados y la ley.
2.   Solamente los españoles serán titulares de los derechos reconocidos en el artículo 23, salvo lo que, atendiendo a criterios de reciprocidad, pueda establecerse por tratado o ley para el derecho de sufragio activo y pasivo en las elecciones municipales.

3.   La extradición sólo se concederá en cumplimiento de un tratado o de la ley, atendiendo al principio de reciprocidad. Quedan excluidos de la extradición los delitos políticos, no considerándose como tales los actos de terrorismo.
4.   La ley establecerá los términos en que los ciudadanos de otros países y los apátridas podrán gozar del derecho de asilo en España.

CAPITULO II *Derechos y libertades*

ARTICULO 14 Los españoles son iguales ante la ley, sin que pueda prevalecer discriminación alguna por razón de nacimiento, raza, sexo, religión, opinión o cualquier otra condición o circunstancia personal o social.

SECCION 1.ª *De los derechos fundamentales y de las libertades públicas*

ARTICULO 15 Todos tienen derecho a la vida y a la integridad física y moral, sin que, en ningún caso, puedan ser sometidos a tortura ni a penas o tratos inhumanos o degradantes. Queda abolida la pena de muerte, salvo lo que puedan disponer las leyes penales militares para tiempos de guerra.

ARTICULO 16 1. Se garantiza la libertad ideológica, religiosa y de culto de los individuos y las comunidades sin más limitación, en sus manifestaciones, que la necesaria para el mantenimiento del orden público protegido por la ley.

2. Nadie podrá ser obligado a declarar sobre su ideología, religión o creencias.

3. Ninguna confesión tendrá carácter estatal. Los poderes públicos tendrán en cuenta las creencias religiosas de la sociedad española y mantendrán las consiguientes relaciones de cooperación con la Iglesia Católica y las demás confesiones.

ARTICULO 17 1. Toda persona tiene derecho a la libertad y a la seguridad. Nadie puede ser privado de su libertad, sino con la observancia de lo establecido en este artículo y en los casos y en la forma previstos en la ley.

2. La detención preventiva no podrá durar más del tiempo estrictamente necesario para la realización de las averiguaciones tendentes al esclarecimiento de los hechos, y, en todo caso, en el plazo máximo de setenta y dos horas, el detenido deberá ser puesto en libertad o a disposición de la autoridad judicial.

3. Toda persona detenida debe ser informada de forma inmediata y de modo que le sea comprensible, de sus derechos y de las razones de su detención, no pudiendo ser obligada a declarar. Se garantiza la asistencia de abogado al detenido en las diligencias policiales y judiciales, en los términos que la ley establezca.

4. La ley regulará un procedimiento de «habeas corpus» para producir la inmediata puesta a disposición judicial de toda persona detenida ilegalmente. Asimismo, por ley se determinará el plazo máximo de duración de la prisión provisional.

ARTICULO 18 1. Se garantiza el derecho al honor, a la intimidad personal y familiar y a la propia imagen.

2. El domicilio es inviolable. Ninguna entrada o registro podrá hacerse en él sin consentimiento del titular o resolución judicial, salvo en caso de flagrante delito.

3. Se garantiza el secreto de las comunicaciones y, en especial, de las postales, telegráficas y telefónicas, salvo resolución judicial.

4. La ley limitará el uso de la informática para garantizar el honor y la intimidad personal y familiar de los ciudadanos y el pleno ejercicio de sus derechos.

ARTICULO 19 Los españoles tienen derecho a elegir libremente su residencia y a circular por el territorio nacional. Asimismo tienen derecho a entrar y salir libremente de España en los términos que la ley establezca. Este derecho no podrá ser limitado por motivos políticos o ideológicos.

ARTICULO 20 1. Se reconocen y protegen los derechos:
a) A expresar y difundir libremente los pensamientos, ideas y opiniones mediante la palabra, el escrito o cualquier otro medio de reproducción.

b) A la producción y creación literaria, artística, científica y técnica.

c) A la libertad de cátedra.

d) A comunicar o recibir libremente información veraz por cualquier medio de difusión. La ley regulará el derecho a la cláusula de conciencia y al secreto profesional en el ejercicio de estas libertades.

2. El ejercicio de estos derechos no puede restringirse mediante ningún tipo de censura previa.

3. La ley regulará la organización y el control parlamentario de los medios de comunicación social dependientes del Estado o de cualquier ente público y garantizará el acceso a dichos medios de los grupos sociales y políticos significativos, respetando el pluralismo de la sociedad y de las diversas lenguas de España.

4. Estas libertades tienen su límite en el respeto a los derechos reconocidos en este Título, en los preceptos de las leyes que lo desarrollan y, especialmente, en el derecho al honor, a la intimidad, a la propia imagen y a la protección de la juventud y de la infancia.

5. Sólo podrá acordarse el secuestro de publicaciones, grabaciones y otros medios de información en virtud de resolución judicial.

ARTICULO 21 1. Se reconoce el derecho de reunión pacífica y sin armas. El ejercicio de este derecho no necesitará autorización previa.

2. En los casos de reuniones en lugares de tránsito público y manifestaciones se dará comunicación previa a la autoridad, que sólo podrá prohibirlas cuando existan razones fundadas de alteración del orden público, con peligro para personas o bienes.

ARTICULO 22 1. Se reconoce el derecho de asociación.

2. Las asociaciones que persigan fines o utilicen medios tipificados como delito son ilegales.
3. Las asociaciones constituidas al amparo de este artículo deberán inscribirse en un registro a los solos efectos de publicidad.
4. Las asociaciones sólo podrán ser disueltas o suspendidas en sus actividades en virtud de resolución judicial motivada.
5. Se prohíben las asociaciones secretas y las de carácter paramilitar.

ARTICULO 23 1. Los ciudadanos tienen el derecho a participar en los asuntos públicos, directamente por medio de representantes, libremente elegidos en elecciones periódicas por sufragio universal.

2. Asimismo tienen derecho a acceder en condiciones de igualdad a las funciones y cargos públicos, con los requisitos que señalen las leyes.

ARTICULO 24   1. Todas las personas tienen derecho a obtener la tutela efectiva de los jueces y tribunales en el ejercicio de sus derechos e intereses legítimos, sin que, en ningún caso, pueda producirse indefensión.

2. Asimismo, todos tienen derecho al Juez ordinario predeterminado por la ley, a la defensa y a la asistencia de letrado, a ser informados de la acusación formulada contra ellos, a un proceso público sin dilaciones indebidas y con todas las garantías, a utilizar los medios de prueba pertinentes para su defensa, a no declarar contra sí mismos, a no confesarse culpables y a la presunción de inocencia.
La ley regulará los casos en que, por razón de parentesco o de secreto profesional, no se estará obligado a declarar sobre hechos presuntamente delictivos.

ARTICULO 25   1. Nadie puede ser condenado o sancionado por acciones u omisiones que en el momento de producirse no constituyan delito, falta o infracción administrativa, según la legislación vigente en aquel momento.

2. Las penas privativas de libertad y las medidas de seguridad estarán orientadas hacia la reeducación y reinserción social y no podrán consistir en trabajos forzados. El condenado a pena de prisión que estuviere cumpliendo la misma gozará de los derechos fundamentales de este Capítulo, a excepción de los que se vean expresamente limitados por el contenido del fallo condenatorio, el sentido de la pena y la ley penitenciaria. En todo caso, tendrá derecho a un trabajo remunerado y a los beneficios correspondientes de la Seguridad Social, así como al acceso a la cultura y al desarrollo integral de su personalidad.

3. La Administración civil no podrá imponer sanciones que directa o subsidiariamente, impliquen privación de libertad.

ARTICULO 26   Se prohíben los Tribunales de Honor en el ámbito de la Administración civil y de las organizaciones profesionales.

ARTICULO 27 1. Todos tienen el derecho a la educación. Se reconoce la libertad de enseñanza.

2. La educación tendrá por objeto el pleno desarrollo de la personalidad humana en el respeto a los principios democráticos de convivencia y a los derechos y libertades fundamentales.

3. Los poderes públicos garantizan el derecho que asiste a los padres para que sus hijos reciban la formación religiosa y moral que esté de acuerdo con sus propias convicciones.

4. La enseñanza básica es obligatoria y gratuita.

5. Los poderes públicos garantizan el derecho de todos a la educación, mediante una programación general de la enseñanza, con participación efectiva de todos los sectores afectados y a la creación de centros docentes.

6. Se reconoce a las personas físicas y jurídicas la libertad de creación de centros docentes, dentro del respeto a los principios constitucionales.

7. Los profesores, los padres y, en su caso, los alumnos intervendrán en el control y gestión de todos los centros sostenidos por la Administración con fondos públicos, en los términos que la ley establezca.

8. Los poderes públicos inspeccionarán y homologarán el sistema educativo para garantizar el cumplimiento de las leyes.

9. Los poderes públicos ayudarán a los centros docentes que reúnan los requisitos que la ley establezca.
10. Se reconoce la autonomía de las universidades, en los términos que la ley establezca.

ARTICULO 28 1. Todos tienen derecho a sindicarse libremente. La ley podrá limitar o exceptuar el ejercicio de este derecho a las Fuerzas o Institutos armados o a los demás cuerpos sometidos a disciplina militar y regulará las peculiaridades de su ejercicio para los funcionarios públicos. La libertad sindical comprende el derecho a fundar sindicatos y a afiliarse al de su elección, así como el derecho de los sindicatos a formar confederaciones y a fundar organizaciones sindicales internacionales o afiliarse a las mismas. Nadie podrá ser obligado a afiliarse a un sindicato.

2. Se reconoce el derecho a la huelga de los trabajadores para la defensa de sus intereses. La ley que regule el ejercicio de este derecho establecerá las garantías precisas para asegurar el mantenimiento de los servicios esenciales de la comunidad.

ARTICULO 29 1. Todos los españoles tendrán el derecho de petición individual y colectiva, por escrito, en la forma y con los efectos que determine la ley.

2. Los miembros de las Fuerzas o Institutos armados o de los cuerpos sometidos a disciplina militar podrán ejercer este derecho sólo individualmente y con arreglo a lo dispuesto en su legislación específica.

SECCION 2.ª *De los derechos y deberes de los ciudadanos*

ARTICULO 30 1. Los españoles tienen el derecho y el deber de defender a España.

2. La ley fijará las obligaciones militares de los españoles y regulará, con las debidas garantías, la objeción de conciencia, así como las demás causas de exención del servicio militar obligatorio, pudiendo imponer, en su caso, una prestación social sustitutoria.

3. Podrá establecerse un servicio civil para el cumplimiento de fines de interés general.

4. Mediante ley podrán regularse los deberes de los ciudadanos en los casos de grave riesgo, catástrofe o calamidad pública.

ARTICULO 31 1. Todos contribuirán al sostenimiento de los gastos públicos de acuerdo con su capacidad económica mediante un sistema tributario justo inspirado en los principios de igualdad y progresividad que, en ningún caso, tendrá alcance confiscatorio.

2. El gasto público realizará una asignación equitativa de los recursos públicos y su programación y ejecución responderán a los criterios de eficiencia y economía.

3. Sólo podrán establecerse prestaciones personales o patrimoniales de carácter público con arreglo a la ley.

ARTICULO 32 1. El hombre y la mujer tienen derecho a contraer matrimonio con plena igualdad jurídica.

2. La ley regulará las formas de matrimonio, la edad y capacidad para contraerlo, los derechos y deberes de los cónyuges, las causas de separación y disolución y sus efectos.

ARTICULO 33 1. Se reconoce el derecho a la propiedad privada y a la herencia.

2. La función social de estos derechos delimitará su contenido, de acuerdo con las leyes.

3. Nadie podrá ser privado de sus bienes y derechos sino por causa justificada de utilidad pública o interés social, mediante la correspondiente indemnización y de conformidad con lo dispuesto por las leyes.

ARTICULO 34 1. Se reconoce el derecho de fundación para fines de interés general, con arreglo a la ley.
2. Regirá también para las fundaciones lo dispuesto en los apartados 2 y 4 del artículo 22.

ARTICULO 35 1. Todos los españoles tienen el deber de trabajar y el derecho al trabajo, a la libre elección de profesión u oficio, a la promoción a través del trabajo y a una remuneración suficiente para satisfacer sus necesidades y las de su familia sin que en ningún caso pueda hacerse discriminación por razón de sexo.

2. La ley regulará un estatuto de los trabajadores.

ARTICULO 36 La ley regulará las peculiaridades propias del régimen jurídico de los Colegios Profesionales y el ejercicio de las profesiones tituladas. La estructura interna y el funcionamiento de los Colegios deberán ser democráticos.

ARTICULO 37 1. La ley garantizará el derecho a la negociación colectiva laboral entre los representantes de los trabajadores y empresarios, así como la fuerza vinculante de los convenios.

2. Se reconoce el derecho de los trabajadores y empresarios a adoptar medidas de conflicto colectivo. La ley que regule el ejercicio de este derecho, sin perjuicio de las limitaciones que pueda establecer, incluirá las garantías precisas para asegurar el funcionamiento de los servicios esenciales de la comunidad.

ARTICULO 38 Se reconoce la libertad de empresa en el marco de la economía de mercado. Los poderes públicos garantizan y protegen su ejercicio y la defensa de la productividad de acuerdo con las exigencias de la economía general y, en su caso, de la planificación.

CAPITULO III *De los principios rectores de la política social y económica*

ARTICULO 39 1. Los poderes públicos aseguran la protección social, económica y jurídica de la familia.

2. Los poderes públicos aseguran asimismo la protección integral de los hijos, iguales éstos ante la ley con independencia de su filiación, y de las madres, cualquiera que sea su estado civil. La ley posibilitará la investigación de la paternidad.

3. Los padres deben prestar asistencia de todo orden a los hijos habidos dentro o fuera del matrimonio, durante su minoría de edad y en los demás casos en que legalmente proceda.

4. Los niños gozarán de la protección prevista en los acuerdos internacionales que velan por sus derechos.

ARTICULO 40 1. Los poderes públicos promoverán las condiciones favorables para el progreso social y económico y para una distribución de la renta regional y personal más equitativa, en el marco de una política de estabilidad económica. De manera especial realizarán una política orientada al pleno empleo.

2. Asimismo los poderes públicos fomentarán una política que garantice la formación y readaptación profesionales; velarán por la seguridad e higiene en el trabajo y garantizarán el descanso necesario, mediante la limitación de la jornada laboral, las vacaciones periódicas retribuidas y la promoción de centros adecuados.

ARTICULO 41 Los poderes públicos mantendrán un régimen público de Seguridad Social para todos los ciudadanos que garantice la asistencia y prestaciones sociales suficientes ante situaciones de necesidad, especialmente en caso de desempleo. La asistencia y prestaciones complementarias serán libres.

ARTICULO 42 El Estado velará especialmente por la salvaguardia de los derechos económicos y sociales de los trabajadores españoles en el extranjero y orientará su política hacia su retorno.

ARTICULO 43 1. Se reconoce el derecho a la protección de la salud.

2. Compete a los poderes públicos organizar y tutelar la salud pública a través de medidas preventivas y de las prestaciones y servicios necesarios. La ley establecerá los derechos y deberes de todos al respecto.

3. Los poderes públicos fomentarán la educación sanitaria, la educación física y el deporte. Asimismo facilitarán la adecuada utilización del ocio.

ARTICULO 44 1. Los poderes públicos promoverán el acceso a la cultura, a la que todos tienen derecho.

2. Los poderes públicos promoverán la ciencia y la investigación científica y técnica en beneficio del interés general.

ARTICULO 45   1.   Todos tienen el derecho a disfrutar de un medio ambiente adecuado para el desarrollo de la persona, así como el deber de conservarlo.

2.   Los poderes públicos velarán por la utilización racional de todos los recursos naturales, con el fin de proteger y mejorar la calidad de la vida y defender y restaurar el medio ambiente, apoyándose en la indispensable solidaridad colectiva.

3.   Para quienes violen lo dispuesto en el apartado anterior, en los términos que la ley fije, se establecerán sanciones penales o, en su caso, administrativas, así como la obligación de reparar el daño causado.

ARTICULO 46   Los poderes públicos garantizarán la conservación y promoverán el enriquecimiento del patrimonio histórico, cultural y artístico de los pueblos de España y de los bienes que lo integran, cualquiera que sea su régimen jurídico y su titularidad. La ley penal sancionará los atentados contra este patrimonio.

ARTICULO 47   Todos los españoles tienen derecho a disfrutar de una vivienda digna y adecuada. Los poderes públicos promoverán las condiciones necesarias y establecerán las normas pertinentes para hacer efectivo este derecho, regulando la utilización del sueldo de acuerdo con el interés general para impedir la especulación. La comunidad participará en las plusvalías que genere la acción urbanística de los entes públicos.

ARTICULO 48 Los poderes públicos promoverán las condiciones para la participación libre y eficaz de la juventud en el desarrollo político, social, económico y cultural.

ARTICULO 49 Los poderes públicos realizarán una política de previsión, tratamiento, rehabilitación e integración de los disminuidos físicos, sensoriales y psíquicos, a los que prestarán la atención especializada que requieran y los ampararán especialmente para el disfrute de los derechos que este Título otorga a todos los ciudadanos.

ARTICULO 50 Los poderes públicos garantizarán, mediante pensiones adecuadas y periódicamente actualizadas, la suficiencia económica a los ciudadanos durante la tercera edad. Asimismo, y con independencia de las obligaciones familiares, promoverán su bienestar mediante un sistema de servicios sociales que atenderán sus problemas específicos de salud, vivienda, cultura y ocio.

ARTICULO 51 1. Los poderes públicos garantizarán la defensa de los consumidores y usuarios, protegiendo mediante procedimientos eficaces la seguridad, la salud y los legítimos intereses de los mismos.
2. Los poderes públicos promoverán la información y la educación de los consumidores y usuarios, fomentarán sus organizaciones y oirán a éstas en las cuestiones que puedan afectar a aquéllos en los términos que la ley establezca.
3. En el marco de lo dispuesto por los apartados anteriores, la ley regulará el comercio interior y el régimen de autorización de productos comerciales.

ARTICULO 52 La ley regulará las organizaciones profesionales que contribuyan a la defensa de los intereses económicos que les sean propios. Su estructura interna y funcionamiento deberán ser democráticos.

CAPITULO IV *De las garantías de las libertades y derechos fundamentales*

ARTICULO 53 1. Los derechos y libertades reconocidos en el capítulo segundo del presente Título vinculan a todos los poderes públicos. Sólo por ley, que en todo caso deberá respetar su contenido esencial, podrá regularse el ejercicio de tales derechos y libertades que se tutelarán de acuerdo con lo previsto en el artículo 161.1.a).

2. Cualquier ciudadano podrá recabar la tutela de las libertades y derechos reconocidos en el artículo 14 y la Sección 1.ª del Capítulo Segundo ante los Tribunales ordinarios por un procedimiento basado en los principios de preferencia y sumariedad y, en su caso, a través del recurso de amparo ante el Tribunal Constitucional. Este último recurso será aplicable a la objeción de conciencia reconocida en el artículo 30.

3. El reconocimiento, el respeto y la protección de los principios reconocidos en el Capítulo Tercero, informará la legislación positiva, la práctica judicial y la actuación de los poderes públicos. Sólo podrán ser alegados ante la Jurisdicción ordinaria de acuerdo con lo que dispongan las leyes que los desarrollen.

ARTICULO 54 Una ley orgánica regulará la institución del Defensor del Pueblo, como alto comisionado de las Cortes Generales, designado por éstas para la defensa de los derechos comprendidos en este Título, a cuyo efecto podrá supervisar la actividad de la Administración, dando cuenta a las Cortes Generales.

CAPITULO V *De la suspensión de los derechos y libertades*

ARTICULO 55 1. Los derechos reconocidos en los artículos 17, 18, apartados 2 y 3, artículos 19, 20, apartados 1, a) y d) y 5, artículos 21, 28, apartado 2, y artículo 37, apartado 2, podrán ser suspendidos cuando se acuerde la declaración del estado de excepción o de sitio en los términos previstos en la Constitución. Se esceptúa de lo establecido anteriormente el apartado 3 del artículo 17 para el supuesto de declaración de estado de excepción.

2. Una ley orgánica podrá determinar la forma y los casos en los que, de forma individual y con la necesaria intervención judicial y el adecuado control parlamentario, los derechos reconocidos en los artículos 17,2 y 18, apartados 2 y 3, pueden ser suspendidos para personas determinadas, en relación con las investigaciones correspondientes a la actuación de bandas armadas o elementos terroristas. La utilización injustificada o abusiva de las facultades reconocidas en dicha ley orgánica producirá responsabilidad penal, como violación de los derechos y libertades reconocidas por las leyes.

TITULO II *De la Corona*

ARTICULO 56 1. El Rey es el Jefe del Estado, símbolo de su unidad y permanencia, arbitra y modera el funcionamiento regular de las instituciones, asume la más alta representación del Estado Español en las relaciones internacionales, especialmente con las naciones de su comunidad histórica, y ejerce las funciones que le atribuyen expresamente la Constitución y las leyes.

2. Su título es el de Rey de España y podrá utilizar los demás que correspondan a la Corona.

3. La persona del Rey es inviolable y no está sujeta a responsabilidad. Sus actos estarán siempre refrendados en la forma establecida en el artículo 64, careciendo de validez sin dicho refrendo, salvo lo dispuesto en el artículo 65,2.

ARTICULO 57 1. La Corona de España es hereditaria en los sucesores de S.M. Don Juan Carlos I de Borbón, legítimo heredero de la Dinastía histórica. La sucesión en el trono seguirá el orden regular de primogenitura y representación, siendo preferida siempre la línea anterior a las posteriores; en la misma línea, el grado más próximo al más remoto; en el mismo grado, el varón a la mujer y en el mismo sexo la persona de más edad a la de menos.

2. El Príncipe heredero, desde su nacimiento o desde que se produzca el hecho que origine el llamamiento, tendrá la dignidad de Príncipe de Asturias y los demás títulos vinculados tradicionalmente al sucesor de la Corona de España.

3. Extinguidas todas las líneas llamadas en Derecho, las Cortes Generales proveerán a la sucesión en la Corona en la forma que más convenga a los intereses de España.

4. Aquellas personas que teniendo derecho a la sucesión en el trono contrajeran matrimonio contra la expresa prohibición del Rey y de las Cortes Generales, quedarán excluidas en la sucesión a la Corona por sí y sus descendientes.

5. Las abdicaciones y renuncias y cualquier duda de hecho o de derecho que ocurra en el orden de sucesión a la Corona se resolverán por una Ley Orgánica.

ARTICULO 58 La Reina consorte o el consorte de la Reina no podrán asumir funciones constitucionales, salvo lo dispuesto para la Regencia.

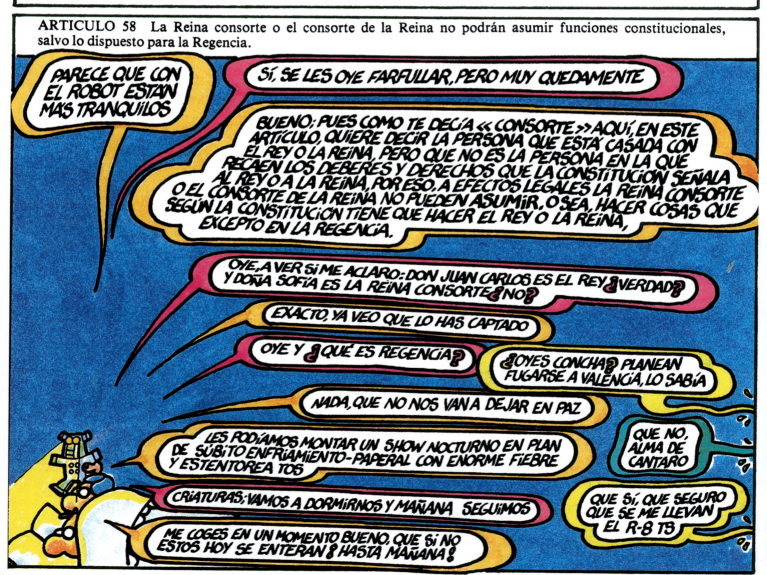

ARTICULO 59 1. Cuando el Rey fuere menor de edad, el padre o la madre del Rey y, en su defecto, el pariente mayor de edad más próximo a suceder en la Corona, según el orden establecido en la Constitución, entrará a ejercer inmediatamente la Regencia y la ejercerá durante el tiempo de la minoría de edad del Rey.

2. Si el Rey se inhabilitare para el ejercicio de su autoridad y la imposibilidad fuere reconocida por las Cortes Generales, entrará a ejercer inmediatamente la Regencia el Príncipe heredero de la Corona, si fuere mayor de edad. Si no lo fuere, se procederá de la manera prevista en el apartado anterior hasta que el Príncipe heredero alcance la mayoría de edad.

3. Si no hubiere ninguna persona a quien corresponda la Regencia, ésta será nombrada por las Cortes Generales, y se compondrá de una, tres o cinco personas.

4. Para ejercer la Regencia es preciso ser español y mayor de edad.
5. La Regencia se ejercerá por mandato constitucional y siempre en nombre del Rey.

ARTICULO 60 1. Será tutor del Rey menor la persona que en su testamento hubiese nombrado el Rey difunto, siempre que sea mayor de edad y español de nacimiento; si no lo hubiese nombrado, será tutor el padre o la madre, mientras permanezcan viudos. En su defecto lo nombrarán las Cortes Generales, pero no podrán acumularse los cargos de regente y de tutor sino en el padre, madre o ascendientes directos del Rey.

2. El ejercicio de la tutela es también incompatible con el de todo cargo o representación política.

ARTICULO 61 1. El Rey, al ser proclamado ante las Cortes Generales, prestará juramento de desempeñar fielmente sus funciones, guardar y hacer guardar la Constitución y las leyes y respetar los derechos de los ciudadanos y de las Comunidades Autónomas.

2. El Príncipe heredero, al alcanzar la mayoría de edad, y el Regente o Regentes al hacerse cargo de sus funciones, prestarán el mismo juramento, así como el de fidelidad al Rey.

d) Proponer el candidato a Presidente de Gobierno y en su caso, nombrarlo, así como poner fin a sus funciones en los términos previstos en la Constitución.

e) Nombrar y separar a los miembros del Gobierno, a propuesta de su Presidente.

f) Expedir los decretos acordados en el Consejo de Ministros, conferir los empleos civiles y militares y conceder honores y distinciones con arreglo a las leyes.

g) Ser informado de los asuntos de Estado y presidir, a estos efectos, las sesiones del Consejo de Ministros, cuando lo estime oportuno, a petición del Presidente del Gobierno.

h) El mando supremo de las Fuerzas Armadas.

i) Ejercer el derecho de gracia con arreglo a la ley, la que no podrá autorizar indultos generales.

j) El Alto Patronazgo de las Reales Academias.

ARTICULO 63   1. El Rey acredita a los embajadores y otros representantes diplomáticos. Los representantes extranjeros en España están acreditados ante él.

2. Al Rey corresponde manifestar el consentimiento del Estado para obligarse internacionalmente por medio de tratados, de conformidad con la Constitución y las leyes.

3. Al Rey corresponde, previa autorización de las Cortes Generales, declarar la guerra y hacer la paz.

ARTICULO 64 1. Los actos del Rey serán refrendados por el Presidente del Gobierno y, en su caso, por los Ministros competentes. La propuesta y el nombramiento del Presidente del Gobierno, y la disolución prevista en el artículo 99, serán refrendados por el Presidente del Congreso.

2. De los actos del Rey serán responsables las personas que los refrenden.

ARTICULO 65 1. El Rey recibe de los Presupuestos del Estado una cantidad global para el sostenimiento de su Familia y Casa y distribuye libremente la misma.

2. El Rey nombra y releva libremente a los miembros civiles y militares de su Casa.

TITULO III
De las Cortes Generales

CAPITULO I *De las Cámaras*

ARTICULO 66 1. Las Cortes Generales representan al pueblo español y están formadas por el Congreso de los Diputados y el Senado.

2. Las Cortes Generales ejercen la potestad legislativa del Estado, aprueban sus Presupuestos, controlan la acción del Gobierno y tienen las demás competencias que les atribuya la Constitución.

3. Las Cortes Generales son inviolables.

ARTICULO 67 1. Nadie podrá ser miembro de las dos Cámaras simultáneamente, ni acumular el acta de una Asamblea de Comunidad Autónoma con la de Diputado al Congreso.

2. Los miembros de las Cortes Generales no estarán ligados por mandato imperativo.

3. Las reuniones de Parlamentarios que se celebren sin convocatoria reglamentaria no vincularán a las Cámaras, y no podrán ejercer sus funciones ni ostentar sus privilegios.

ARTICULO 68 1. El Congreso se compone de un mínimo de 300 y un máximo de 400 Diputados, elegidos por sufragio universal, libre, igual, directo y secreto, en los términos que establezca la ley.

2. La circunscripción electoral es la provincia. Las poblaciones de Ceuta y Melilla estarán representadas cada una de ellas por un Diputado. La ley distribuirá el número total de Diputados, asignando una representación mínima inicial a cada circunscripción y distribuyendo los demás en proporción a la población.

3. La elección se verificará en cada circunscripción atendiendo a criterios de representación proporcional.

4. El Congreso es elegido por cuatro años. El mandato de los Diputados termina cuatro años después de su elección o el día de la disolución de la Cámara.

5. Son electores y elegibles todos los españoles que estén en pleno uso de sus derechos políticos.
La ley reconocerá y el Estado facilitará el ejercicio del derecho de sufragio a los españoles que se encuentren fuera del territorio de España.

6. Las elecciones tendrán lugar entre los treinta días y sesenta días desde la terminación del mandato. El Congreso electo deberá ser convocado dentro de los veinticinco días siguientes a la celebración de las elecciones.

ARTICULO 69   1.   El Senado es la Cámara de representación territorial.

2. En cada provincia se elegirán Senadores por sufragio universal, libre, igual, directo y secreto por los votantes de cada una de ellas, en los términos que señale una ley orgánica.
3. En las provincias insulares, cada isla o agrupación de ellas, con Cabildo o Consejo Insular, constituirá una circunscripción a efectos de elección de Senadores, correspondiendo tres a cada una de las islas mayores —Gran Canaria, Mallorca y Tenerife— y uno a cada una de las siguientes islas o agrupaciones: Ibiza-Formentera, Menorca, Fuerteventura, Gomera, Hierro, Lanzarote y La Palma.
4. Las poblaciones de Ceuta y Melilla elegirán cada una de ellas dos Senadores.
5. Las Comunidades Autónomas designarán además un Senador y otro por cada millón de habitantes de su respectivo territorio. La designación corresponderá a la Asamblea legislativa o, en su defecto, al órgano colegiado superior de la Comunidad Autónoma, de acuerdo con lo que establezcan los Estatutos, que asegurarán, en todo caso, la adecuada representación proporcional.
6. El Senado es elegido por cuatro años. El mandato de los Senadores termina cuatro años después de su elección o el día de la disolución de la Cámara.

ARTICULO 70   1.   La ley electoral determinará las causas de inelegibilidad e incompatibilidad de los Diputados y Senadores que comprenderán, en todo caso:

a)   A los componentes del Tribunal Constitucional.

b)   A los altos cargos de la Administración del Estado, que determine la ley, con la excepción de los miembros del Gobierno.

c)   Al Defensor del Pueblo.

d)   A los Magistrados, Jueces y Fiscales en activo.

e)   A los militares profesionales y miembros de las Fuerzas y Cuerpos de Seguridad y Policía en activo.

f)   A los miembros de las Juntas Electorales.

2.   La validez de las actas y credenciales de los miembros de ambas Cámaras estará sometida al control judicial, en los términos que establezca la ley electoral.

ARTICULO 71   1.   Los Diputados y Senadores gozarán de inviolabilidad por las opiniones manifestadas en el ejercicio de sus funciones.

2.   Durante el período de su mandato los Diputados y Senadores gozarán asimismo de inmunidad y sólo podrán ser detenidos en caso de flagrante delito. No podrán ser inculpados ni procesados sin la previa autorización de la Cámara respectiva.

3.   En las causas contra Diputados y Senadores será competente la Sala de lo Penal del Tribunal Supremo.

4. Los Diputados y Senadores percibirán una asignación que será fijada por las respectivas Cámaras.

ARTICULO 72 1. Las Cámaras establecen sus propios Reglamentos, aprueban automáticamente sus presupuestos y de común acuerdo regulan el Estatuto del Personal de las Cortes Generales. Los Reglamentos y su reforma serán sometidos a una votación final sobre su totalidad que requerirá la mayoría absoluta.

2. Las Cámaras eligen sus respectivos Presidentes y los demás miembros de sus Mesas. Las sesiones conjuntas serán presididas por el Presidente del Congreso y se regirán por un Reglamento de las Cortes Generales aprobado por mayoría absoluta de cada Cámara.

3. Los Presidentes de las Cámaras ejercen en nombre de las mismas todos los poderes administrativos y facultades de policía en el interior de sus respectivas sedes.

ARTICULO 73   1.   Las Cámaras se reunirán anualmente en dos períodos ordinarios de sesiones: el primero, de septiembre a diciembre; y el segundo, de febrero a junio.

2.   Las Cámaras podrán reunirse en sesiones extraordinarias a petición del Gobierno, de la Diputación Permanente o de la mayoría absoluta de los miembros de cualquiera de las Cámaras. Las sesiones extraordinarias deberán convocarse sobre un orden del día determinado y serán clausuradas una vez que éste haya sido agotado.

ARTICULO 74   1.   Las Cámaras se reunirán en sesión conjunta para ejercer las competencias no legislativas que el Título II atribuye a las Cortes Generales.

2.   Las decisiones de las Cortes Generales previstas en los artículos 94.1, 145.2 y 158.2 se adoptarán por mayoría de cada una de las Cámaras. En el primer caso, el procedimiento se iniciará por el Congreso, y en los otros dos, por el Senado. En ambos casos, si no hubiera acuerdo entre Senado y Congreso, se intentará obtener por una Comisión Mixta compuesta de igual número de Diputados y Senadores. La Comisión presentará un texto, que será votado por ambas Cámaras. Si no se aprueba en la forma establecida, decidirá el Congreso por mayoría absoluta.

ARTICULO 75   1.   Las Cámaras funcionarán en Pleno y por Comisiones.

2.   Las Cámaras podrán delegar en las Comisiones Legislativas permanentes la aprobación de proyectos o proposiciones de ley. El Pleno podrá, no obstante, recabar en cualquier momento el debate y votación de cualquier proyecto o proposición de ley que haya sido objeto de esta delegación.

3. Quedan exceptuados de lo dispuesto en el apartado anterior la reforma constitucional, las cuestiones internacionales, las leyes orgánicas y de bases y los Presupuestos Generales del Estado.

ARTICULO 76   1. El Congreso y el Senado y, en su caso, ambas Cámaras conjuntamente, podrán nombrar Comisiones de Investigación sobre cualquier asunto de interés público. Sus conclusiones no serán vinculantes para los Tribunales, ni afectarán a las resoluciones judiciales, sin perjuicio de que el resultado de la investigación sea comunicado al Ministerio Fiscal para el ejercicio, cuando proceda, de las acciones oportunas.

2. Será obligatorio comparecer a requerimiento de las Cámaras. La ley regulará las sanciones que puedan imponerse por incumplimiento de esta obligación.

ARTICULO 77 1. Las Cámaras pueden recibir peticiones individuales y colectivas, siempre por escrito, quedando prohibida la presentación directa por manifestaciones ciudadanas.

2. Las Cámaras pueden remitir al Gobierno las peticiones que reciban. El Gobierno está obligado a explicarse sobre su contenido, siempre que las Cámaras lo exijan.

ARTICULO 78 1. En cada Cámara habrá una Diputación Permanente compuesta por un mínimo de veintiún miembros que representarán a los grupos parlamentarios, en proporción a su importancia numérica.

2. Las Diputaciones Permanentes estarán presididas por el Presidente de la Cámara respectiva y tendrán como funciones la prevista en el artículo 73, la de asumir las facultades que correspondan a las Cámaras, de acuerdo con los artículos 86 y 116, en caso de que éstas hubieren sido disueltas o hubiere expirado su mandato y la de velar por los poderes de las Cámaras, cuando éstas no estén reunidas.
3. Expirado el mandato o en caso de disolución, las Diputaciones Permanentes seguirán ejerciendo sus funciones hasta la constitución de las nuevas Cortes Generales.

4. Reunida la Cámara correspondiente, la Diputación Permanente dará cuenta de los asuntos tratados y de sus decisiones.

ARTICULO 79 1. Para adoptar acuerdos las Cámaras deben estar reunidas reglamentariamente y con asistencia de la mayoría de sus miembros.

2. Dichos acuerdos para ser válidos deberán ser aprobados por la mayoría de los miembros presentes, sin perjuicio de las mayorías especiales que establezcan la Constitución o las leyes orgánicas y las que para elección de personas establezcan los Reglamentos de las Cámaras.

3. El voto de Senadores y Diputados es personal e indelegable.

ARTICULO 80 Las sesiones plenarias de las Cámaras serán públicas, salvo acuerdo en contrario de cada Cámara, adoptado por mayoría absoluta o con arreglo al Reglamento.

CAPITULO II *De la elaboración de las Leyes*

ARTICULO 81 1. Son leyes orgánicas las relativas al desarrollo de los derechos fundamentales y de las libertades públicas, las que aprueben los Estatutos de Autonomía y el régimen electoral y las demás previstas en la Constitución.

2. La aprobación, modificación o derogación de las leyes orgánicas exigirá mayoría absoluta del Congreso, en una votación final sobre el conjunto del proyecto.

ARTICULO 82   1.   Las Cortes Generales podrán delegar en el Gobierno la potestad de dictar normas con rango de ley sobre materias determinadas no incluidas en el artículo anterior.

2.   La delegación legislativa deberá otorgarse mediante una ley de bases cuando su objeto sea la formación de textos articulados o por una ley ordinaria cuando se trate de refundir varios textos legales en uno solo.

3.   La delegación legislativa habrá de otorgarse al Gobierno de forma expresa para materia concreta y con fijación del plazo para su ejercicio. La delegación se agota por el uso que de ella haga el Gobierno mediante la publicación de la norma correspondiente. No podrá entenderse concedida de modo implícito o por tiempo indeterminado. Tampoco podrá permitir la subdelegación a autoridades distintas del propio Gobierno.

4. Las leyes de bases delimitarán con precisión el objeto y alcance de la delegación legislativa y los principios y criterios que han de seguirse en su ejercicio.

5. La autorización para refundir textos legales determinará el ámbito normativo a que se refiere el contenido de la delegación, especificando si se circunscribe a la mera formulación de un texto único o si se incluye la de regularizar, aclarar y armonizar los textos legales que han de ser refundidos.

6. Sin perjuicio de la competencia propia de los Tribunales, las leyes de delegación podrán establecer en cada caso fórmulas adicionales de control.

ARTICULO 83   Las leyes de bases no podrán en ningún caso:

a) Autorizar la modificación de la propia ley de bases.

b) Facultar para dictar normas con carácter retroactivo.

ARTICULO 84   Cuando una proposición de Ley o una enmienda fuere contraria a una delegación legislativa en vigor, el Gobierno está facultado para oponerse a su tramitación. En tal supuesto, podrá presentarse una proposición de Ley para la derogación total o parcial de la Ley de delegación.

ARTICULO 85 Las disposiciones del Gobierno que contengan legislación delegada recibirán el título de Decretos Legislativos.

ARTICULO 86 1. En caso de extraordinaria y urgente necesidad, el Gobierno podrá dictar disposiciones legislativas provisionales que tomarán la forma de Decretos-Leyes y que no podrán afectar al ordenamiento de las instituciones básicas del Estado, a los derechos, deberes y libertades de los ciudadanos regulados en el Título I, al régimen de las Comunidades Autónomas, ni al Derecho electoral general.

2. Los Decretos-leyes deberán ser inmediatamente sometidos a debate y votación de totalidad al Congreso de los Diputados, convocado al efecto si no estuviere reunido, en el plazo de los treinta días siguientes a su promulgación. El Congreso habrá de pronunciarse expresamente dentro de dicho plazo sobre su convalidación o derogación, para lo cual el Reglamento establecerá un procedimiento especial y sumario.

3. Durante el plazo establecido en el párrafo anterior las Cortes podrán tramitarlos como proyectos de ley por el procedimiento de urgencia.

ARTICULO 87 1. La iniciativa legislativa corresponde al Gobierno, al Congreso y al Senado, de acuerdo con la Constitución y los Reglamentos de las Cámaras.

2. Las Asambleas de las Comunidades Autónomas podrán solicitar del Gobierno la adopción de un Proyecto de Ley o remitir a la Mesa del Congreso una Proposición de Ley, delegando ante dicha Cámara un máximo de tres miembros de la Asamblea encargados de su defensa.

3. Una ley orgánica regulará las formas de ejercicio y requisitos de la iniciativa popular para la presentación de proposiciones de ley. En todo caso se exigirán no menos de 500.000 firmas acreditadas. No procederá dicha iniciativa en materias propias de ley orgánica, tributarias o de carácter internacional, ni en lo relativo a la prerrogativa de gracia.

ARTICULO 88 Los proyectos de Ley serán aprobados en Consejo de Ministros que los someterá al Congreso, acompañados de una exposición de motivos y de los antecedentes necesarios para pronunciarse sobre ellos.

ARTICULO 89 1. La tramitación de las proposiciones de ley se regulará por los Reglamentos de las Cámaras, sin que la prioridad debida a los proyectos de ley impida el ejercicio de la iniciativa legislativa en los términos regulados en el artículo 87.

2. Las proposiciones de ley que, de acuerdo con el artículo 87 tome en consideración el Senado, se remitirán al Congreso para su trámite en éste como tal proposición.

ARTICULO 90 1. Aprobado un proyecto de ley ordinaria u orgánica por el Congreso de los Diputados, su Presidente dará inmediata cuenta del mismo al Presidente del Senado, el cual lo someterá a la deliberación de éste.

2. El Senado en el plazo de dos meses, a partir del día de la recepción del texto, puede, mediante mensaje motivado, oponer su veto o introducir enmiendas al mismo. El veto deberá ser aprobado por mayoría absoluta. El proyecto no podrá ser sometido al Rey para sanción sin que el Congreso ratifique por mayoría absoluta, en caso de veto, el texto inicial, o por mayoría simple, una vez transcurridos dos meses desde la interposición del mismo, o se pronuncie sobre las enmiendas, aceptándolas o no por mayoría simple.

3. El plazo de dos meses de que el Senado dispone para vetar o enmendar el proyecto se reducirá al de veinte días naturales en los proyectos declarados urgentes por el Gobierno o por el Congreso de los Diputados.

ARTICULO 91 El Rey sancionará en el plazo de quince días las leyes aprobadas por las Cortes Generales, y las promulgará y ordenará su inmediata publicación.

ARTICULO 92 1. Las decisiones políticas de especial trascendencia podrán ser sometidas a referéndum consultivo de todos los ciudadanos.

2. El Referéndum será comvocado por el Rey, mediante propuesta del Presidente del Gobierno, previamente autorizada por el Congreso de los Diputados.
3. Una ley orgánica regulará las condiciones y el procedimiento de las distintas modalidades de referéndum previstas en esta Constitución.

CAPITULO III *De los Tratados Internacionales*

ARTICULO 93 Mediante ley orgánica se podrá autorizar la celebración de tratados por los que se atribuya a una organización o institución internacional el ejercicio de competencias derivadas de la Constitución. Corresponde a las Cortes Generales o al Gobierno, según los casos, la garantía del cumplimiento de estos tratados y de las resoluciones emanadas de los organismos internacionales o supranacionales titulares de la cesión.

ARTICULO 94 1. La prestación del consentimiento del Estado para obligarse por medio de tratados o convenios requerirá la previa autorización de las Cortes Generales, en los siguientes casos:
a) Tratados de carácter político.

b) Tratados o convenios de carácter militar.
c) Tratados o convenios que afecten a la integridad territorial del Estado o a los derechos y deberes fundamentales establecidos en el Título I.

d) Tratados o convenios que impliquen obligaciones financieras para la Hacienda Pública.
e) Tratados o convenios que supongan modificación o derogación de alguna ley o exijan medidas legislativas para su ejecución.
2. El Congreso y el Senado serán inmediatamente informados de la conclusión de los restantes tratados o convenios.

ARTICULO 95 1. La celebración de un tratado internacional que contenga estipulaciones contrarias a la Constitución exigirá la previa revisión constitucional.
2. El Gobierno o cualquiera de las Cámaras puede requerir al Tribunal Constitucional para que declare si existe o no esa contradicción.

ARTICULO 96 1. Los tratados internacionales válidamente celebrados, una vez publicados oficialmente en España, formarán parte del ordenamiento interno. Sus disposiciones sólo podrán ser derogadas, modificadas o suspendidas en la forma prevista en los propios tratados o de acuerdo con las normas generales del Derecho internacional. 2. Para la denuncia de los tratados y convenios internacionales se utilizará el mismo procedimiento previsto para su aprobación en el artículo 94.

TITULO IV
Del Gobierno y de la Administración

ARTICULO 97   El Gobierno dirige la política interior y exterior, la Administración civil y militar y la defensa del Estado. Ejerce la función ejecutiva y la potestad reglamentaria de acuerdo con la Constitución y las leyes.

ARTICULO 98   1.   El Gobierno se compone del Presidente, de los Vicepresidentes en su caso, de los Ministros y de los demás miembros que establezca la ley.

2.   El Presidente dirige la acción del Gobierno y coordina las funciones de los demás miembros del mismo, sin perjuicio de la competencia y responsabilidad   directa de éstos en su gestión.
3.   Los miembros del Gobierno no podrán ejercer otras funciones representativas que las propias del mandato parlamentario, ni cualquier otra función pública que no derive de su cargo, ni actividad profesional o mercantil alguna.

4.   La Ley regulará el Estatuto e incompatibilidades de los miembros del Gobierno.

ARTICULO 99 1. Después de cada renovación del Congreso de los Diputados, y en los demás supuestos constitucionales en que así proceda, el Rey, previa consulta con los representantes designados por los Grupos políticos con representación parlamentaria, y a través del Presidente del Congreso, propondrá un candidato a la Presidencia del Gobierno.

2. El candidato propuesto conforme a lo previsto en el apartado anterior, expondrá ante el Congreso de los Diputados el programa político del Gobierno que pretenda formar y solicitará la confianza de la Cámara.

3. Si el Congreso de los Diputados, por el voto de la mayoría absoluta de sus miembros, otorgare su confianza a dicho candidato, el Rey le nombrará Presidente. De no alcanzarse dicha mayoría, se someterá la misma propuesta a nueva votación cuarenta y ocho horas después de la anterior, y la confianza se entenderá otorgada si obtuviere la mayoría simple.

4. Si efectuadas las citadas votaciones no se otorgase la confianza para la investidura, se tramitarán sucesivas propuestas en la forma prevista en los apartados anteriores.

5. Si transcurrido el plazo de dos meses a partir de la primera votación de investidura, ningún candidato hubiere obtenido la confianza del Congreso, el Rey disolverá ambas Cámaras y convocará nuevas elecciones con el refrendo del Presidente del Congreso.

ARTICULO 100 Los demás miembros del Gobierno serán nombrados y separados por el Rey, a propuesta de su Presidente.

ARTICULO 101   1.   El Gobierno cesa tras la celebración de elecciones Generales, en los casos de pérdida de la confianza parlamentaria previstos en la Constitución, o por dimisión o fallecimiento de su Presidente.

2.   El Gobierno cesante continuará en funciones hasta la toma de posesión del nuevo Gobierno.

ARTICULO 102   1.   La responsabilidad criminal del Presidente y los demás miembros del Gobierno será exigible, en su caso, ante la Sala de lo Penal del Tribunal Supremo.

2. Si la acusación fuere por traición o por cualquier delito contra la seguridad del Estado en el ejercicio de sus funciones, sólo podrá ser planteada por iniciativa de la cuarta parte de los miembros del Congreso, y con la aprobación de la mayoría absoluta del mismo.

3. La prerrogativa real de gracia no será aplicable a ninguno de los supuestos del presente artículo.

ARTICULO 103 1. La Administración Pública sirve con objetividad los intereses generales y actúa de acuerdo con los principios de eficacia, jerarquía, descentralización, desconcentración y coordinación, con sometimiento pleno a la ley y al Derecho.

2. Los órganos de la Administración del Estado son creados, regidos y coordinados de acuerdo con la ley.

3. La ley regulará el estatuto de los funcionarios públicos, el acceso a la función pública...

...de acuerdo con los principios de mérito y capacidad, las peculiaridades del ejercicio de su derecho a sindicación, el sistema de incompatibilidades y las garantías para la imparcialidad en el ejercicio de sus funciones.

ARTICULO 104 1. Las Fuerzas y Cuerpos de seguridad, bajo la dependencia del Gobierno, tendrán como misión proteger el libre ejercicio de los derechos y libertades y garantizar la seguridad ciudadana.
2. Una ley orgánica determinará las funciones, principios básicos de actuación y estatutos de las Fuerzas y Cuerpos de seguridad.

ARTICULO 105   La ley regulará:

a) La audiencia de los ciudadanos directamente o a través de las organizaciones y asociaciones reconocidas por la ley, en el procedimiento de elaboración de las disposiciones administrativas que les afecten.

b) El acceso de los ciudadanos a los archivos y registros administrativos, salvo en lo que afecte a la seguridad y defensa del Estado, la averiguación de los delitos y la intimidad de las personas.

c) El procedimiento a través del cual deben producirse los actos administrativos, garantizando, cuando proceda, la audiencia del interesado.

ARTICULO 106 1. Los tribunales controlan la potestad reglamentaria y la legalidad de la actuación administrativa, así como el sometimiento de ésta a los fines que la justifican.

2. Los particulares, en los términos establecidos por la ley, tendrán derecho a ser indemnizados por toda lesión que sufran en cualquiera de sus bienes y derechos, salvo en los casos de fuerza mayor, siempre que la lesión sea consecuencia del funcionamiento de los servicios públicos.

ARTICULO 107 El Consejo de Estado es el supremo órgano consultivo del Gobierno. Una ley orgánica regulará su composición y competencia.

TITULO V
De las relaciones entre el Gobierno y las Cortes Generales

ARTICULO 108 El Gobierno responde solidariamente en su gestión política ante el Congreso de los Diputados.

ARTICULO 109 Las Cámaras y sus Comisiones podrán recabar, a través de los Presidentes de aquéllas, la información y ayuda que precisen del Gobierno...

...y de sus Departamentos y de cualesquiera autoridades del Estado y de las Comunidades Autónomas.

ARTICULO 110 1. Las Cámaras y sus Comisiones pueden reclamar la presencia de los miembros del Gobierno.

2. Los miembros del Gobierno tienen acceso a las sesiones de las Cámaras y a sus Comisiones y...

...la facultad de hacerse oír en ellas, y podrán solicitar que informen ante las mismas funcionarios de sus Departamentos.

ARTICULO 111 1. El Gobierno y cada uno de sus miembros están sometidos a las interpelaciones y preguntas que se le formulen en las Cámaras. Para esta clase de debate los Reglamentos establecerán un tiempo mínimo semanal.

2. Toda interpelación podrá dar lugar a una moción en la que la Cámara manifieste su posición.

ARTICULO 112 El Presidente del Gobierno, previa deliberación del Consejo de Ministros, puede plantear ante el Congreso de los Diputados la cuestión de confianza sobre su programa o sobre una declaración de política general. La confianza se entenderá otorgada cuando vote a favor de la misma la mayoría simple de los Diputados.

ARTICULO 113   1.   El Congreso de los Diputados puede exigir la responsabilidad política del Gobierno mediante la adopción por mayoría absoluta de la moción de censura.

2.   La moción de censura deberá ser propuesta al menos por la décima parte de los Diputados, y habrá de incluir un candidato a la Presidencia del Gobierno.

3.   La moción de censura no podrá ser votada hasta que transcurran cinco días desde su presentación. En los dos primeros días de dicho plazo podrán presentarse mociones alternativas.

4.   Si la moción de censura no fuere aprobada por el Congreso sus signatarios no podrán presentar otra durante el mismo período de sesiones.

ARTICULO 114 1. Si el Congreso niega su confianza al Gobierno, éste presentará su dimisión al Rey, procediéndose a continuación a la designación de Presidente del Gobierno según lo dispuesto en el artículo 99.

2. Si el Congreso adopta una moción de censura, el Gobierno presentará su dimisión al Rey y el candidato incluido en aquélla se entenderá investido de la confianza de la Cámara a los efectos previstos en el artículo 99. El Rey le nombrará Presidente del Gobierno.

ARTICULO 115 1. El Presidente del Gobierno, previa deliberación del Consejo de Ministros, y bajo su exclusiva responsabilidad, podrá proponer la disolución del Congreso, del Senado o de las Cortes Generales, que será decretada por el Rey. El decreto de disolución fijará la fecha de las elecciones.

2. La propuesta de disolución no podrá presentarse cuando esté en trámite una moción de censura.

3. No procederá nueva disolución antes de que transcurra un año desde la anterior, salvo lo dispuesto en el artículo 99, apartado 5.

ARTICULO 116   1. Una ley orgánica regulará los estados de alarma, de excepción y de sitio y las competencias y limitaciones correspondientes.

EN TODOS LOS PAÍSES DEMOCRÁTICOS EXISTEN UNAS MEDIDAS EXTRAORDINARIAS QUE PUEDEN ADOPTAR LOS GOBIERNOS CUANDO, POR CUALQUIER CAUSA PUEDE PELIGRAR GRAVEMENTE LA SEGURIDAD DEL ESTADO O DE LOS CIUDADANOS.
EN CASI TODOS LOS PAÍSES HAY VARIOS ESCALONES DE MEDIDAS QUE PUEDEN SER APLICADAS, SEGÚN LA GRAVEDAD DE LA SITUACIÓN ANORMAL DE QUE TRATE.
PERO ES MUY IMPORTANTE RECALCAR EL CONTROL QUE EN TODO MOMENTO EJERCE EL PUEBLO SOBERANO SOBRE ESTAS MEDIDAS POR MEDIO DE SUS REPRESENTANTES, LOS PARLAMENTARIOS DEMOCRÁTICAMENTE ELEGIDOS

OYE, PAPÁ, CUANDO SE OYE SUBIR POR LAS ESCALERAS AL COBRADOR DE LA LUZ ¿ESO ES ESTADO DE ALARMA?

NO EMPECEMOS A ASUSTAR

2. El estado de alarma será declarado por el Gobierno mediante decreto acordado en Consejo de Ministros por un plazo máximo de quince días, dando cuenta al Congreso de los Diputados, reunido inmediatamente al efecto y sin cuya autorización no podrá ser prorrogado dicho plazo. El decreto determinará el ámbito territorial a que se extienden los efectos de la declaración.

EL CONCEPTO DE ESTADO DE ALARMA VARÍA SEGÚN LOS DIFERENTES PAÍSES, YA QUE EN UNOS ES UN ESTADO DE ALERTA O ATENCIÓN ESPECIAL ANTE SUCESOS O CATÁSTROFES QUE AFECTEN A LA POBLACIÓN, MIENTRAS QUE EN OTROS ES UN ESTADO DE ALARMA MILITAR ANTE UNA POSIBLE INVASIÓN O ATAQUE DE OTRO ESTADO.
Y OTRA TERCERA FÓRMULA, QUE TAMBIÉN UTILIZAN MUCHOS PAÍSES DEMOCRÁTICOS ES UNA MEZCLA DE LAS DOS ANTERIORES EN LA QUE LOS ORGANISMOS CIVILES Y MILITARES QUEDAN AUTOMÁTICAMENTE ENGARZADOS PARA SOLVENTAR EL PROBLEMA PLANTEADO. HASTA QUE NO SE HAGA LA LEY ORGÁNICA SOBRE EL ESTADO DE ALARMA QUE ESPECIFICA ESTE APARTADO NO PODEMOS AHONDAR MÁS EN ESTE TEMA

BUENO, YA ME HE ENTERADO MÁS O MENOS DEL ESTADO DE ALARMA, AHORA PREGUNTO: SER FELIZ ¿ES UN ESTADO DE EXCEPCIÓN PARA VOSOTROS LOS MAYORES?

3. El estado de excepción será declarado por el Gobierno mediante Decreto acordado en Consejo de Ministros, previa autorización del Congreso de los Diputados. La autorización y proclamación del estado de excepción deberá determinar expresamente los efectos del mismo, el ámbito territorial a que se extiende y su duración, que no podrá exceder de treinta días, prorrogables por otro plazo igual, con los mismos requisitos.

NO, HIJO; EL ESTADO DE EXCEPCIÓN ES UNA MEDIDA QUE SE ADOPTA POR ALGUNA CAUSA MUY GRAVE Y CONSISTE EN SUPRIMIR, TOTAL O PARCIALMENTE LOS DERECHOS Y LIBERTADES DE LOS CIUDADANOS, POR EJEMPLO: QUE NO SE PUEDAN REUNIR, O QUE NO SEA NECESARIO QUE UN JUEZ AUTORICE EL REGISTRO DE UN HOGAR, ETC., ETC. ES UNA MEDIDA COMPROMETIDA DE ADOPTAR Y POR ESO LAS CORTES Y EL GOBIERNO FISCALIZAN EXHAUSTIVAMENTE SU APLICACIÓN EN TODO ESTADO DEMOCRÁTICO

¿Y QUÉ ES EL ESTADO DE SITIO?

ASÍ SE LLAMA TAMBIÉN EN LAS CONSTITUCIONES DE FRANCIA Y ALEMANIA FEDERAL AL ESTADO DE GUERRA, Y ES CUANDO LA AUTORIDAD CIVIL ENTREGA A LA AUTORIDAD MILITAR LOS PODERES RELATIVOS AL MANTENIMIENTO DEL ORDEN PÚBLICO Y ES SUSTITUIDA LA JURISDICCIÓN PENAL ORDINARIA POR LA JURISDICCIÓN MILITAR

ES EL ESCALÓN MÁS ALTO DE LAS MEDIDAS EXTRAORDINARIAS DE PROTECCIÓN AL ESTADO ¿VERDAD?

EFECTIVAMENTE, PERO ESPEREMOS QUE NUNCA HAYA QUE UTILIZAR NINGUNA DE ELLAS

4. El estado de sitio será declarado por la mayoría absoluta del Congreso de los Diputados, a propuesta exclusiva del Gobierno. El Congreso determinará su ámbito territorial, duración y condiciones.

5. No podrá procederse a la disolución del Congreso mientras estén declarados algunos de los estados comprendidos en el presente artículo, quedando automáticamente convocadas las Cámaras, si no estuvieren en período de sesiones. Su funcionamiento, así como el de los demás poderes constitucionales del Estado, no podrán interrumpirse durante la vigencia de estos estados.
Disuelto el Congreso o expirado su mandato, si se produjere alguna de las situaciones que dan lugar a cualquiera de dichos estados, las competencias del Congreso serán asumidas por su Diputación Permanente.

6. La declaración de los estados de alarma, de excepción y de sitio no modificarán el principio de responsabilidad del Gobierno y de sus agentes reconocidos en la Constitución y en las leyes.

TITULO VI
Del poder judicial

ARTICULO 117 1. La justicia emana del pueblo y se administra en nombre del Rey por Jueces y Magistrados integrantes del poder judicial, independientes, inamovibles, responsables y sometidos únicamente al imperio de la ley.

> LOS JUECES Y MAGISTRADOS DEBEN SER INDEPENDIENTES, O SEA: QUE NINGUNA PRESIÓN POLÍTICA, ADMINISTRATIVA O DE CUALQUIER OTRA COSA PUEDA ALTERAR SU INDEPENDENCIA A LA HORA DE ADMINISTRAR JUSTICIA; INAMOVIBLES, ESTO ES: NO SE LES PUEDE CAMBIAR O TRASLADAR DE TRIBUNAL O DE CIUDAD POR CAUSAS DERIVADAS DE SU FORMA ESPECÍFICA DE INTERPRETAR LA LEY; RESPONSABLES, PORQUE ADQUIEREN LA RESPONSABILIDAD ANTE EL PUEBLO DE SER LOS ADMINISTRADORES DEL CUMPLIMIENTO DE LAS LEYES POR TODOS LOS CIUDADANOS, Y SÓLO ESTARÁN SOMETIDOS AL IMPERIO DE LA LEY; ESTO ES: SU MARCO DE ACTUACIÓN SERÁ SÓLO LIMITADO POR LO QUE LAS LEYES ESPECIFIQUEN AL RESPECTO

2. Los Jueces y Magistrados no podrán ser separados, suspendidos, trasladados ni jubilados sino por alguna de las causas y con las garantías previstas en la ley.

> EN ESPAÑA, TRADICIONALMENTE, EXISTE UN JUEZ ÚNICO EN LOS JUICIOS DE PRIMERA INSTANCIA CIVIL Y TAMBIÉN EN LA INSTRUCCIÓN CRIMINAL, PERO EN LAS AUDIENCIAS TERRITORIALES O PROVINCIALES, TRIBUNALES PENALES Y EN EL TRIBUNAL SUPREMO, LOS JUECES ACTÚAN COLEGIADAMENTE, O SEA, SON VARIOS JUECES LOS QUE FORMAN EL TRIBUNAL, Y ENTONCES SE LES LLAMA «MAGISTRADOS». TAMBIÉN ES TRADICIONAL EN ESPAÑA «JUEZ DE PAZ»; QUE TIENDE A DESAPARECER, Y ES EL CIUDADANO DE INTACHABLE CONDUCTA QUE, EN LUGARES REMOTOS O APARTADOS EN LOS QUE HAY POCA POBLACIÓN RESUELVE CUESTIONES DE ÍNFIMA CUANTÍA. EL JUEZ DE PAZ TOMA SU NOMBRE DE QUE ANTIGUAMENTE OÍA A LAS PARTES QUE QUERÍAN PLEITEAR Y PROCURABA CONCILIARLAS. EL JUEZ DE PAZ NO PRECISA SER LETRADO, O SEA: NO HA TENIDO QUE ESTUDIAR LEYES

3. El ejercicio de la potestad jurisdiccional en todo tipo de procesos, juzgando y haciendo ejecutar lo juzgado, corresponde exclusivamente a los Juzgados y Tribunales determinados por las leyes, según las normas de competencia y procedimiento que las mismas establezcan.

> ESTO QUIERE DECIR QUE SÓLO LOS TRIBUNALES TIENEN PODER PARA JUZGAR Y HACER CUMPLIR LO QUE SE HA JUZGADO. NADIE MÁS QUE LOS JUECES Y MAGISTRADOS PUEDEN IMPARTIR LA JUSTICIA

> CLARO, PORQUE SI NO SERÍA UN FOLLÓN; SI POR EJEMPLO UN NIÑO HUBIERA ROBADO UN CHICLE DE UN PUESTO DE PIPAS QUE LE JUZGARAN LAS SEÑORAS PIPERAS

> MACHA; HAS PUESTO UN EJEMPLO CHORRA: UN JUICIO POR UN CHICLE

> YA SALIÓ EL CAPULLO-MACHISTA A ARRUINAR MI DIDÁCTICA EXPOSICIÓN

> YA EMPEZAMOS

ARTICULO 118 Es obligado cumplir las sentencias y demás resoluciones firmes de los Jueces y Tribunales, así como prestar la colaboración requerida por éstos en el curso del proceso y en la ejecución de lo resuelto.

ARTICULO 119 La justicia será gratuita, cuando así lo disponga la ley, y, en todo caso, respecto de quienes acrediten insuficiencia de recursos para litigar.

ARTICULO 120 1. Las actuaciones judiciales serán públicas, con las excepciones que prevean las leyes de procedimiento.

2. El procedimiento será predominantemente oral, sobre todo en materia criminal.

3. Las sentencias serán siempre motivadas y se pronunciarán en audiencia pública.

ARTICULO 121 Los daños causados por error judicial, así como los que sean consecuencia del funcionamiento anormal de la Administración de Justicia, darán derecho a una indemnización a cargo del Estado, conforme a la ley.

ARTICULO 122 1. La ley orgánica del poder judicial determinará la constitución, funcionamiento y gobierno de los Juzgados y Tribunales, así como el estatuto jurídico de los Jueces y Magistrados de carrera, que formarán un Cuerpo único, y del personal al servicio de la Administración de Justicia.

2. El Consejo General del poder judicial es el órgano de gobierno del mismo. La ley orgánica establecerá su estatuto y el régimen de incompatibilidades de sus miembros y sus funciones, en particular en materia de nombramientos, ascensos, inspección y régimen disciplinario.

3. El Consejo General del poder judicial estará integrado por el Presidente del Tribunal Supremo, que lo presidirá, y por veinte miembros nombrados por el Rey, por un período de cinco años. De éstos, doce entre Jueces y Magistrados de todas las categorías judiciales, en los términos que establezca la ley orgánica; cuatro, a propuesta del Congreso de los Diputados, y cuatro a propuesta del Senado, elegidos en ambos casos por mayoría de tres quintos de sus miembros, entre abogados y otros juristas, todos ellos de reconocida competencia y con más de quince años de ejercicio en su profesión.

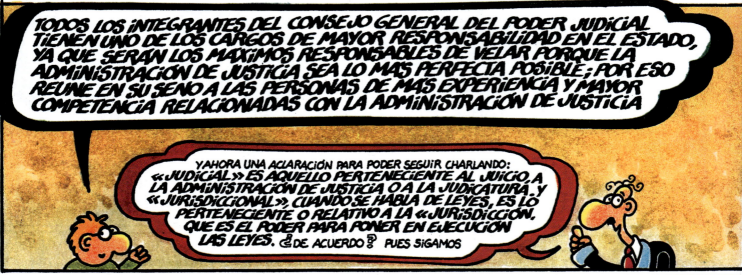

ARTICULO 123 1. El Tribunal Supremo, con jurisdicción en toda España, es el órgano jurisdiccional superior en todos los órdenes, salvo lo dispuesto en materia de garantías constitucionales.

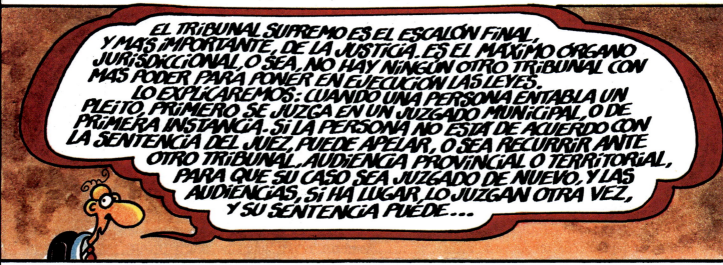

2. El Presidente del Tribunal Supremo será nombrado por el Rey, a propuesta del Consejo General del poder judicial, en la forma que determine la ley.

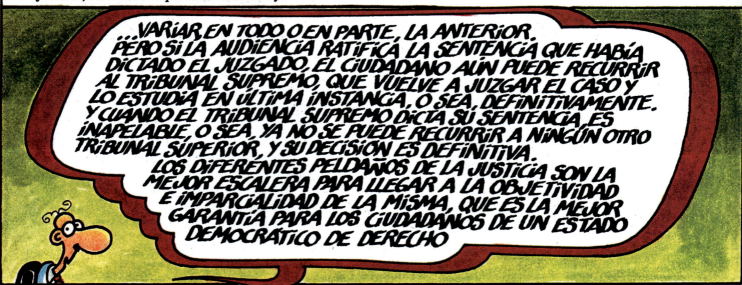

ARTICULO 125 Los ciudadanos podrán ejercer la acción popular y participar en la Administración de Justicia mediante la institución del Jurado, en la forma y con respecto a aquellos procesos penales que la ley determine, así como en los Tribunales consuetudinarios y tradicionales.

ARTICULO 126 La policía judicial depende de los Jueces, de los Tribunales y del Ministerio Fiscal en sus funciones de averiguación del delito y descubrimiento y aseguramiento del delincuente, en los términos que la ley establezca.

ARTICULO 127 1. Los Jueces y Magistrados, así como los Fiscales, mientras se hallen en activo, no podrán desempeñar otros cargos públicos, ni pertenecer a partidos políticos o sindicatos. La ley establecerá el sistema y modalidades de asociación profesional de los Jueces, Magistrados y Fiscales.
2. La ley establecerá el régimen de incompatibilidades de los miembros del poder judicial, que deberá asegurar la total independencia de los mismos.

TITULO VII
Economía y Hacienda

ARTICULO 128 1. Toda la riqueza del país en sus distintas formas y sea cual fuere su titularidad está subordinada al interés general.

2. Se reconoce la iniciativa pública en la actividad económica. Mediante ley se podrán reservar al sector público recursos o servicios esenciales, especialmente en caso de monopolio, y asimismo acordar la intervención de empresas cuando así lo exigiere el interés general.

ARTICULO 129   1. La ley establecerá las formas de participación de los interesados en la Seguridad Social y en la actividad de los organismos públicos cuya función afecte directamente a la calidad de la vida o al bienestar general.

2. Los poderes públicos promoverán eficazmente las diversas formas de participación en la empresa y fomentarán, mediante una legislación adecuada, las sociedades cooperativas. También establecerán los medios que faciliten el acceso de los trabajadores a la propiedad de los medios de producción.

ARTICULO 130   1.   Los poderes públicos atenderán a la modernización y desarrollo de todos los sectores económicos y, en particular, de la agricultura, de la ganadería, la pesca y de la artesanía, a fin de equiparar el nivel de vida de todos los españoles.

2.   Con el mismo fin, se dispensará un tratamiento especial a las zonas de montaña.

ARTICULO 131 1. El Estado, mediante ley, podrá planificar la actividad económica general para atender a las necesidades colectivas, equilibrar y armonizar el desarrollo regional y sectorial y estimular el crecimiento de la renta y de la riqueza y su más justa distribución.

2. El Gobierno elaborará los proyectos de planificación, de acuerdo con las previsiones que le sean suministradas por las Comunidades Autónomas y el asesoramiento y colaboración de los sindicatos y otras organizaciones profesionales, empresariales y económicas. A tal fin se constituirá un Consejo, cuya composición y funciones se desarrollarán por ley.

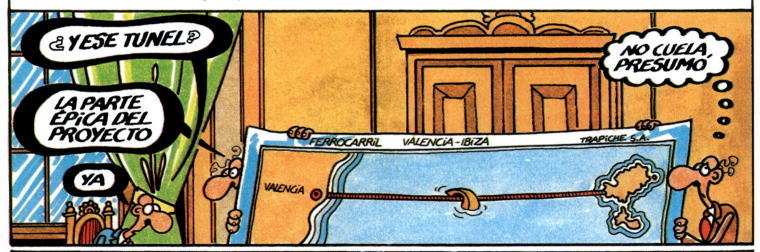

ARTICULO 132 1. La ley regulará el régimen jurídico de los bienes de dominio público y de los comunales, inspirándose en los principios de inalienabilidad, imprescriptibilidad e inembargabilidad así como su desafectación.

2. Son bienes de dominio público estatal los que determine la ley y, en todo caso, la zona marítimo-terrestre, las playas, el mar territorial y los recursos naturales de la zona económica y la plataforma continental.

3. Por ley se regularán el Patrimonio del Estado y el Patrimonio Nacional, su administración, defensa y conservación.

ARTICULO 133 1. La potestad originaria para establecer los tributos corresponde exclusivamente al Estado, mediante ley.

2. Las Comunidades Autónomas y las Corporaciones locales podrán establecer y exigir tributos, de acuerdo con la Constitución y las leyes.

3. Todo beneficio fiscal que afecte a los tributos del Estado deberá establecerse en virtud de ley.

4. Las administraciones públicas sólo podrán contraer obligaciones financieras y realizar gastos de acuerdo con las leyes.

ARTICULO 134 1. Corresponde al Gobierno la elaboración de los presupuestos generales del Estado y a las Cortes Generales su examen, enmienda y aprobación.

2. Los Presupuestos Generales del Estado tendrán carácter anual, incluirán la totalidad de los gastos e ingresos del sector público estatal y en ellos se consignará el importe de los beneficios fiscales que afecten a los tributos del Estado.

3. El Gobierno deberá presentar ante el Congreso de los Diputados los Presupuestos Generales del Estado, al menos tres meses antes de la expiración de los del año anterior.

4. Si la Ley de Presupuestos no se aprobara antes del primer día del ejercicio económico correspondiente, se considerarán automáticamente prorrogados los Presupuestos del ejercicio anterior hasta la aprobación de los nuevos.

5. Aprobados los presupuestos generales del Estado, el Gobierno podrá presentar proyectos de ley que impliquen aumento del gasto público o disminución de los ingresos correspondientes al mismo ejercicio presupuestario.

6. Toda proposición o enmienda que suponga aumento de los créditos o disminución de los ingresos presupuestarios requerirá la conformidad del Gobierno para su tramitación.

7. La ley de presupuestos no puede crear tributos. Podrá modificarlos cuando una ley tributaria sustantiva así lo prevea.

ARTICULO 135 1. El Gobierno habrá de estar autorizado por ley para emitir Deuda Pública o contraer crédito.

2. Los créditos para satisfacer el pago de intereses y capital de la Deuda Pública del Estado se entenderán siempre incluidos en el estado de gastos de los presupuestos y no podrán ser objeto de enmienda o modificación, mientras se ajusten a las condiciones de la ley de emisión.

ARTICULO 136 1. El Tribunal de Cuentas es el supremo órgano fiscalizador de las cuentas y de la gestión económica del Estado, así como del sector público.
Dependerá directamente de las Cortes Generales y ejercerá sus funciones por delegación de ellas en el examen y comprobación de la Cuenta General del Estado.

2. Las cuentas del Estado y del sector público estatal se rendirán al Tribunal de Cuentas y serán censuradas por éste.
El Tribunal de Cuentas, sin perjuicio de su propia jurisdicción, remitirá a las Cortes Generales un informe anual en el que, cuando proceda, comunicará las infracciones o responsabilidades en que, a su juicio, se hubiere incurrido.

3. Los miembros del Tribunal de Cuentas gozarán de la misma independencia e inamovilidad y estarán sometidos a las mismas incompatibilidades que los Jueces.

4. Una ley orgánica regulará la composición, organización y funciones del Tribunal de Cuentas.

TITULO VIII
De la organización territorial del Estado

CAPITULO I *Principios Generales*

ARTICULO 137 El Estado se organiza territorialmente en municipios, en provincias y en las Comunidades autónomas que se constituyan. Todas estas entidades gozan de autonomía para la gestión de sus respectivos intereses.

ARTICULO 138 1. El Estado garantiza la realización efectiva del principio de solidaridad consagrado en el artículo 2 de la Constitución, velando por el establecimiento de un equilibrio económico adecuado y justo entre las diversas partes del territorio español, y atendiendo en particular a las circunstancias del hecho insular.
2. Las diferencias entre los Estatutos de las distintas Comunidades autónomas no podrán implicar, en ningún caso, privilegios económicos o sociales.

ARTICULO 139 1. Todos los españoles tienen los mismos derechos y obligaciones en cualquier parte del territorio del Estado.
2. Ninguna autoridad podrá adoptar medidas que directa o indirectamente obstaculicen la libertad de circulación y establecimiento de las personas y la libre circulación de bienes en todo el territorio español.

CAPITULO II *De la administración local*

ARTICULO 140 La Constitución garantiza la autonomía de los municipios. Estos gozarán de personalidad jurídica plena. Su gobierno y administración corresponde a sus respectivos Ayuntamientos, integrados por los Alcaldes y los Concejales. Los Concejales serán elegidos por los vecinos del municipio mediante sufragio universal igual, libre, directo y secreto, en la forma establecida por la ley. Los Alcaldes serán elegidos por los Concejales o por los vecinos. La ley regulará las condiciones en las que proceda el régimen de concejo abierto.

ARTICULO 141   1. La provincia es una entidad local con personalidad jurídica propia, determinada por la agrupación de municipios y división territorial para el cumplimiento de las actividades del Estado. Cualquier alteración de los límites provinciales habrá de ser aprobada por las Cortes Generales mediante ley orgánica.
2. El gobierno y la administración autónoma de las provincias estarán encomendados a Diputaciones u otras Corporaciones de carácter representativo.

3. Se podrán crear agrupaciones de municipios diferentes de la provincia.

4. En los archipiélagos, las islas tendrán además su administración propia en forma de cabildos o consejos.

ARTICULO 142   Las Haciendas locales deberán disponer de los medios suficientes para el desempeño de las funciones que la ley atribuye a las Corporaciones respectivas y se nutrirán fundamentalmente de tributos propios y de participación en los del Estado y de las Comunidades Autónomas.

CAPITULO III   *De las Comunidades Autónomas*

ARTICULO 143   1. En el ejercicio del derecho a la autonomía reconocido en el artículo 2.º de la Constitución, las provincias limítrofes con características históricas, culturales y económicas comunes, los territorios insulares y las provincias con entidad regional histórica podrán acceder a su autogobierno y constituirse en Comunidades Autónomas con arreglo a lo previsto en este Título y en los respectivos estatutos.

2. La iniciativa del proceso autonómico corresponde a todas las diputaciones interesadas o al órgano interinsular correspondiente y a las dos terceras partes de los municipios cuya población represente, al menos, la mayoría del censo electoral de cada provincia o isla. Estos requisitos deberán ser cumplidos en el plazo de seis meses desde el primer acuerdo adoptado al respecto por alguna de las Corporaciones locales interesadas.

3. La iniciativa, en caso de no prosperar, solamente podrá reiterarse pasados cinco años.

ARTICULO 144 Las Cortes Generales, mediante ley orgánica, podrán por motivos de interés nacional:
a) Autorizar la constitución de una comunidad autónoma cuando su ámbito territorial no supere el de una provincia y no reúna las condiciones del apartado 1 del artículo 143.
b) Autorizar o acordar, en su caso, un estatuto de autonomía para territorios que no estén integrados en la organización provincial.
c) Sustituir la iniciativa de las Corporaciones locales a que se refiere el apartado 2 del artículo 143.

ARTICULO 145 1. En ningún caso se admitirá la federación de Comunidades Autónomas.
2. Los Estatutos podrán prever los supuestos requisitos y términos en que las Comunidades autónomas podrán celebrar convenios entre sí para la gestión y prestación de servicios propios de las mismas, así como el carácter y efectos de la correspondiente comunicación a las Cortes Generales. En los demás supuestos, los acuerdos de cooperación entre las Comunidades Autónomas necesitarán la autorización de las Cortes Generales.

ARTICULO 146 El proyecto de Estatuto será elaborado por una asamblea compuesta por los miembros de la Diputación u órgano interinsular de las provincias afectadas y por los Diputados y Senadores elegidos en ellas y será elevado a las Cortes Generales para su tramitación como ley.

ARTICULO 147 1. Dentro de los términos de la presente Constitución, los estatutos seran la norma institucional básica de cada Comunidad Autónoma y el Estado los reconocerá y amparará como parte integrante de su ordenamiento jurídico.
2. Los estatutos de autonomía deberán contener:
a) La denominación de la Comunidad que mejor corresponda a su identidad histórica.

b) La delimitacion de su territorio.

c) La denominación, organización y sede de las instituciones autónomas propias.
d) Las competencias asumidas dentro del marco establecido en la Constitución y las bases para el traspaso de los servicios correspondientes a las mismas.
3. La reforma de los Estatutos se ajustará al procedimiento establecido en los mismos y requerirá, en todo caso, la aprobación por las Cortes Generales, mediante ley orgánica.

ARTICULO 148 1. Las Comunidades Autónomas podrán asumir competencias en las siguientes materias:

1.º Organización de sus instituciones de autogobierno.

2.º Las alteraciones de los términos municipales comprendidos en su territorio y, en general, las funciones que correspondan a la Administración del Estado sobre las Corporaciones locales y cuya transferencia autorice la legislación sobre Régimen Local.

3.º Ordenación del territorio, urbanismo y vivienda.

4.º Las obras públicas de interés de la Comunidad Autónoma en su propio territorio.

5.º Los ferrocarriles y carreteras cuyo itinerario se desarrolle íntegramente en el territorio de la Comunidad Autónoma y en los mismos términos, el transporte desarrollado por estos medios o por cable.

6.º Los puertos de refugio, los puertos y aeropuertos deportivos y, en general, los que no desarrollen actividades comerciales.

7.º La agricultura y ganadería, de acuerdo con la ordenación general de la economía.

8.º Los montes y aprovechamientos forestales.

9.º La gestión en materia de protección del medio ambiente.

10.º Los proyectos, construcción y explotación de los aprovechamientos hidráulicos, canales y regadíos de interés de la Comunidad Autónoma; las aguas minerales y termales.

11.º La pesca en aguas interiores, el marisqueo y la acuicultura, la caza y la pesca fluvial.

12.º Ferias interiores.

13.º El fomento del desarrollo económico de la Comunidad Autónoma dentro de los objetivos marcados por la política económica nacional.
14.º La artesanía.

15.º Museos, bibliotecas y conservatorios de música de interés para la Comunidad Autónoma.

16.º Patrimonio monumental de interés de la Comunidad Autónoma.

17.º El fomento de la cultura, de la investigación y, en su caso, de la enseñanza de la lengua de la Comunidad Autónoma.

18.º Promoción y ordenación del turismo en su ámbito territorial.

19.º   Promoción del deporte y del ocio.

20.º   Asistencia social.
21.º   Sanidad e higiene.

22.º   La vigilancia y protección de sus edificios e instalaciones. La coordinación y demás facultades en relación con las policías locales en los términos que establezca una ley orgánica.

2. Transcurridos cinco años y mediante la reforma de sus estatutos, las Comunidades Autónomas podrán ampliar sucesivamente sus competencias dentro del marco establecido en el artículo 149.

ARTICULO 149   1.   El Estado tiene competencia exclusiva sobre las siguientes materias:
1.º   La regulación de las condiciones básicas que garanticen la igualdad de todos los españoles en el ejercicio de los derechos y en el cumplimiento de los deberes constitucionales.

2.º   Nacionalidad, inmigración, emigración, extranjería y derecho de asilo.

3.º   Relaciones internacionales.

4.º   Defensa y Fuerzas Armadas.
5.º   Administración de Justicia.
6.º   Legislación mercantil, penal y penitenciaria; legislación procesal, sin perjuicio de las necesarias especialidades que en este orden se deriven de las particularidades del derecho sustantivo de las Comunidades Autónomas.

7.º   Legislación laboral; sin perjuicio de su ejecución por los órganos de las Comunidades Autónomas.

8.º   Legislación civil, sin perjuicio de la conservación, modificación y desarrollo por las Comunidades autónomas de los derechos civiles, forales o especiales, allí donde existan. En todo caso, las reglas relativas a la aplicación y eficacia de las normas jurídicas, relaciones jurídico-civiles relativas a las formas de matrimonio, ordenación de los registros e instrumentos públicos, bases de las obligaciones contractuales, normas para resolver los conflictos de leyes y determinación de las fuentes del Derecho, con respeto, en este último caso, a las normas de derecho foral o especial.

9.º Legislación sobre propiedad intelectual e industrial.

10.º Régimen aduanero y arancelario; comercio exterior.

11.º Sistema monetario: divisas, cambio y convertibilidad; bases de la ordenación del crédito, banca y seguros.

12.º   Legislación sobre pesas y medidas, determinación de la hora oficial.

13.º   Bases y coordinación de la planificación general de la actividad económica.
14.º   Hacienda general y Deuda del Estado.

15.º   Fomento y coordinación general de la investigación científica y técnica.

16.º Sanidad exterior. Bases y coordinación general de la sanidad. Legislación sobre productos farmacéuticos.

17.º Legislación básica y régimen económico de la Seguridad Social, sin perjuicio de la ejecución de sus servicios por las Comunidades Autónomas.

18.º Las bases del régimen jurídico de las Administraciones públicas y del régimen estatutario de sus funcionarios que en todo caso garantizarán a los administrados un tratamiento común ante ellas; el procedimiento administrativo común, sin perjuicio de las especialidades derivadas de la organización propia de las Comunidades Autónomas; legislación sobre expropiación forzosa; legislación básica sobre contratos y concesiones administrativas y el sistema de responsabilidad de todas las Administraciones públicas.
19.º Pesca marítima, sin perjuicio de las competencias que en la ordenación del sector se atribuyen a las Comunidades Autónomas.

20.º Marina Mercante y abanderamiento de buques; iluminación de costas y señales marítimas; puertos de interés general; aeropuertos de interés general; control del espacio aéreo, tránsito y transporte aéreo; servicio meteorológico y matriculación de aeronaves.

21.º Ferrocarriles y transportes terrestres que transcurran por el territorio de más de una Comunidad Autónoma; régimen general de comunicaciones; tráfico y circulación de vehículos a motor; correos y telecomunicaciones; cables aéreos, submarinos y radiocomunicación.

22.º La legislación, ordenación y concesión de recursos y aprovechamientos hidráulicos, cuando las aguas discurran por más de una Comunidad Autónoma, y la autorización de las instalaciones eléctricas, cuando su aprovechamiento afecte a otra Comunidad o el transporte de energía salga de su ámbito territorial.

23.º Legislación básica sobre protección del medio ambiente, sin perjuicio de las facultades de las Comunidades autónomas de establecer normas adicionales de protección. La legislación básica sobre montes, aprovechamientos forestales y vías pecuarias.

24.º Obras públicas de interés general o cuya realización afecte a más de una Comunidad Autónoma.

25.º Bases del régimen minero y energético.

26.º Régimen de producción, comercio, tenencia y uso de armas y explosivos.

27.º Normas básicas del régimen de prensa, radio y televisión y, en general, de todos los medios de comunicación social, sin perjuicio de las facultades que en su desarrollo y ejecución correspondan a las Comunidades autónomas.

28.º Defensa del patrimonio cultural, artístico y monumental español contra la exportación y la expoliación; museos, bibliotecas y archivos de titularidad estatal, sin perjuicio de su gestión por parte de las Comunidades autónomas.

29.º Seguridad pública, sin perjuicio de la posibilidad de creación de policías por las Comunidades autónomas en la forma que se establezca en los respectivos Estatutos en el marco de lo que disponga una ley orgánica.

30.º Regulación de las condiciones de obtención, expedición y homologación de títulos académicos y profesionales y normas básicas para el desarrollo del artículo 27 de la Constitución a fin de garantizar el cumplimiento de las obligaciones de los poderes públicos en esta materia.

31.º Estadística para fines estatales.

32.º Autorización para la convocatoria de consultas populares por vía de referéndum.

2. Sin perjuicio de las competencias que podrán asumir las Comunidades Autónomas, el Estado considerará el servicio de la cultura como deber y atribución esencial y facilitará la comunicación cultural entre las Comunidades Autónomas, de acuerdo con ellas.

3. Las materias no atribuidas expresamente al Estado por esta Constitución, podrán corresponder a las Comunidades Autónomas, en virtud de sus respectivos Estatutos. La competencia sobre las materias que no se hayan asumido por los Estatutos de autonomía corresponderá al Estado, cuyas normas prevalecerán, en caso de conflicto, sobre las de las Comunidades Autónomas en todo lo que no esté atribuido a la exclusiva competencia de éstas. El derecho estatal será, en todo caso, supletorio del derecho de las Comunidades Autónomas.

ARTICULO 150   1.   Las Cortes Generales, en materias de competencia estatal, podrán atribuir a todas o a alguna de las Comunidades Autónomas la facultad de dictar, para sí mismas, normas legislativas en el marco de los principios, bases y directrices fijados por una ley estatal. Sin perjuicio de la competencia de los Tribunales, en cada ley marco se establecerá la modalidad del control de las Cortes Generales sobre estas normas legislativas de las Comunidades Autónomas.

ESTE ARTICULO SEÑALA QUE LAS COMUNIDADES AUTONOMAS PODRAN DICTAR NORMAS LEGISLATIVAS, O SEA, FORMAS ESPECIFICAS LEGALES QUE AFECTEN INDIVIDUALMENTE A CADA COMUNIDAD AUTONOMA, PERO SIN SALIRSE DEL MARCO DE LAS LEYES ESTATALES, O SEA, DE LAS LEYES QUE AFECTEN A TODO EL ESTADO. EJEMPLO AL CANTO: SI HAY UNA LEY QUE AUTORIZA A TODOS LOS CIUDADANOS A REGAR SUS HUERTAS CON EL AGUA DE LOS RIOS, MANANTIALES Y REGADIOS, LA COMUNIDAD AUTONOMA DE ARAGON PODRA DICTAR LAS LEYES ESPECIFICAS PARA EL USO, POR PARTE DE LOS REGANTES MAÑOS, DEL AGUA DEL CANAL IMPERIAL, PERO DICHAS NORMAS NO PODRAN ESTAR EN CONTRADICCION EN TODO O EN PARTE CON LA LEY ESTATAL A QUE NOS REFERIAMOS ANTES DE QUE TODOS LOS CIUDADANOS TIENEN DERECHO A REGAR SUS HUERTAS.

EN ESTOS DOS APARTADOS DE ABAJO SE DICE QUE LAS COMUNIDADES AUTONOMAS PODRAN EJERCER FUNCIONES QUE SEAN ESPECIFICAS DEL ESTADO, SI MEDIANTE UNA LEY ORGANICA EL ESTADO LAS AUTORIZA Y LAS CORTES GENERALES LO APRUEBAN. POR EJEMPLO: LA PLANIFICACION ECONOMICA GENERAL ES COMPETENCIA DEL ESTADO. BUENO, PUES SUPONGAMOS QUE EL MAIZ SOLO SE CULTIVA EN GALICIA: EL ESTADO PODRA DELEGAR A LA COMUNIDAD AUTONOMA GALAICA LA PLANIFICACION ECONOMICA Y AGRICOLA DEL MAIZ ¿ESTA CLARO?

2.   El Estado podrá transferir o delegar en las Comunidades Autónomas, mediante ley orgánica, facultades correspondientes a materia de titularidad estatal que por su propia naturaleza sean susceptibles de transferencia o delegación. La ley preverá en cada caso la correspondiente transferencia de medios financieros, así como las formas de control que se reserve el Estado.
3.   El Estado podrá dictar leyes que establezcan los principios necesarios para armonizar las disposiciones normativas de las Comunidades Autónomas, aun en el caso de materias atribuidas a la competencia de éstas, cuando así lo exija el interés general. Corresponde a las Cortes Generales, por mayoría absoluta de cada Cámara, la apreciación de esta necesidad.

ARTICULO 151   1.   No será preciso dejar transcurrir el plazo de cinco años a que se refiere el apartado 2.º del artículo 148 cuando la iniciativa del proceso autonómico sea acordada dentro del plazo del artículo 143.2, además de por las Diputaciones o los órganos interinsulares correspondientes, por las tres cuartas partes de los municipios de cada una de las provincias afectadas que representen, al menos, la mayoría del censo electoral de cada una de ellas y dicha iniciativa sea ratificada mediante referéndum por el voto afirmativo de la mayoría absoluta de los electores de cada provincia, en los términos que establezca una ley orgánica.

REFRESCANDO: EN EL ARTICULO 148, APARTADO 2º PONE «TRANSCURRIDOS CINCO AÑOS Y MEDIANTE LA REFORMA DE SUS ESTATUTOS, LAS COMUNIDADES AUTONOMAS PODRAN AMPLIAR SUCESIVAMENTE SUS COMPETENCIAS DENTRO DEL MARCO ESTABLECIDO EN EL ARTICULO 149» (EL ARTICULO 149 ES EL DE LAS COMPETENCIAS EXCLUSIVAS DEL ESTADO). EL ARTICULO 143 APARTADO 2º DICE «LA INICIATIVA DEL PROCESO AUTONOMICO CORRESPONDE A TODAS LAS DIPUTACIONES INTERESADAS O AL ORGANO INTERINSULAR CORRESPONDIENTE Y A LAS DOS TERCERAS PARTES DE LOS MUNICIPIOS CUYA POBLACION REPRESENTE, AL MENOS, LA MAYORIA DEL CENSO ELECTORAL DE CADA PROVINCIA O ISLA. ESTOS REQUISITOS DEBERAN SER CUMPLIDOS EN EL PLAZO DE SEIS MESES DESDE EL PRIMER ACUERDO ADOPTADO AL RESPECTO POR ALGUNA DE LAS CORPORACIONES LOCALES INTERESADAS»
DESPUES DEL REFRESQUE, ESTE ARTICULO 151 EN SU APARTADO 1 DICE QUE LOS CINCO AÑOS A QUE SE REFIERE EL ARTICULO 148, CUANDO LA INICIATIVA DEL PROCESO AUTONOMICO SEA ACORDADA EN LOS SEIS MESES QUE INDICA EL ARTICULO 143, ADEMAS DE POR LAS DIPUTACIONES O LOS ORGANOS INTERINSULARES POR LAS TRES CUARTAS PARTES DE LOS MUNICIPIOS DE CADA UNA DE LAS PROVINCIAS AFECTADAS QUE REPRESENTEN, AL MENOS, LA MAYORIA DEL CENSO ELECTORAL DE CADA UNA DE ELLAS, Y LA INICIATIVA AUTONOMICA SEA RATIFICADA POR REFERENDUM, CON EL VOTO A FAVOR DE LA MAYORIA ABSOLUTA (MITAD MAS UNO) DE LOS VOTOS DE LOS ELECTORES DE CADA PROVINCIA IMPLICADA EN EL HECHO AUTONOMICO.

MACHO: OTRA EXPLICACION COMO ESTA Y TE PROPONGO PARA EL NOBEL DEL LADRILLO

COCHINA ENVIDIA DE MIS DOTES EXPLICATIVAS, MORGAN

PALIZA GREAT WORLD CHAMPIONIST ¿COMPRENDES?

2. En el supuesto previsto en el apartado anterior, el procedimiento para la elaboración del Estatuto será el siguiente:

1.º El Gobierno convocará a todos los Diputados y Senadores elegidos en las circunscripciones comprendidas en el ámbito territorial que pretenda acceder al autogobierno, para que se constituyan en Asamblea, a los solos efectos de elaborar el correspondiente proyecto de Estatuto de autonomía, mediante el acuerdo de la mayoría absoluta de sus miembros.

2.º Aprobado el proyecto de Estatuto por la Asamblea de Parlamentarios, se remitirá a la Comisión Constitucional del Congreso, la cual, dentro del plazo de dos meses, lo examinará con el concurso y asistencia de una delegación de la Asamblea proponente para determinar de común acuerdo su formulación definitiva.

3.º Si se alcanzare dicho acuerdo, el texto resultante será sometido a referéndum del cuerpo electoral de las provincias comprendidas en el ámbito territorial del proyectado Estatuto.

4.º Si el proyecto de Estatuto es aprobado en cada provincia por la mayoría de los votos válidamente emitidos, será elevado a las Cortes Generales. Los Plenos de ambas Cámaras decidirán sobre el texto mediante un voto de ratificación. Aprobado el Estatuto, el Rey lo sancionará y lo promulgará como ley.

5.º De no alcanzarse el acuerdo a que se refiere el párrafo 2.º de este número, el proyecto de Estatuto será tramitado como proyecto de ley ante las Cortes Generales. El texto aprobado por éstas será sometido a referéndum del cuerpo electoral de las provincias comprendidas en el ámbito territorial del proyectado Estatuto. En caso de ser aprobado por la mayoría de los votos válidamente emitidos en cada provincia, procederá su promulgación en los términos del apartado anterior.

3. En los casos de los párrafos 4.º y 5.º del apartado anterior, la no aprobación del proyecto de Estatuto por una o varias provincias, no impedirá la constitución entre las restantes de la Comunidad Autónoma proyectada, en la forma que establezca la ley orgánica prevista en el apartado primero de este artículo.

ARTICULO 152   1.   En los Estatutos aprobados por el procedimiento a que se refiere el artículo anterior, la organización institucional autonómica se basará en una Asamblea Legislativa elegida por sufragio universal con arreglo a un sistema de representación proporcional que asegure, además, la representación de las diversas zonas del territorio; un Consejo de Gobierno con funciones ejecutivas y administrativas, y un Presidente, elegido por la Asamblea, de entre sus miembros, y nombrado por el Rey, al que corresponde la dirección del Consejo de Gobierno, la suprema representación de la respectiva Comunidad y la ordinaria del Estado en aquélla. El Presidente y los miembros del Consejo de Gobierno serán políticamente responsables ante la Asamblea.

Un Tribunal Superior de Justicia, sin perjuicio de la jurisdicción que corresponde al Tribunal Supremo, culminará la organización judicial en el ámbito territorial de la Comunidad autónoma. En los Estatutos de las Comunidades autónomas podrán establecerse los supuestos y las formas de participación de aquéllas en la organización de las demarcaciones judiciales del territorio. Todo ello de conformidad con lo previsto en la ley orgánica del poder judicial y dentro de la unidad e independencia de éste.

Sin perjuicio de lo dispuesto en el artículo 123, las sucesivas instancias procesales, en su caso, se agotarán ante órganos judiciales radicados en el mismo territorio de la Comunidad autónoma en que esté el órgano competente en primera instancia.

2.   Una vez sancionados y promulgados los respectivos Estatutos, solamente podrán ser modificados mediante los procedimientos en ellos establecidos y con referéndum entre los electores inscritos en los censos correspondientes.

3.   Mediante la agrupación de municipios limítrofes, los Estatutos podrán establecer circunscripciones territoriales propias que gozarán de plena personalidad jurídica.

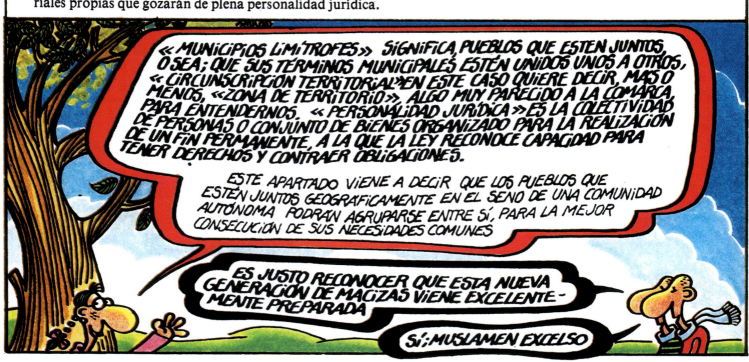

ARTICULO 153 El control de la actividad de los órganos de las Comunidades Autónomas se ejercerá:

a) Por el Tribunal Constitucional, el relativo a la constitucionalidad de sus disposiciones normativas con fuerza de ley.

b) Por el Gobierno, previo dictamen del Consejo de Estado, el del ejercicio de funciones delegadas a que se refiere el apartado 2 del artículo 150.

c) Por la jurisdicción contencioso-administrativa, el de la administración autónoma y sus normas reglamentarias.

d) Por el Tribunal de Cuentas, el económico y presupuestario.

ARTICULO 154 Un delegado nombrado por el Gobierno dirigirá la administración del Estado en el territorio de la Comunidad Autónoma y la coordinará, cuando proceda, con la administración propia de la Comunidad.

ARTICULO 155 1. Si una Comunidad autónoma no cumpliere las obligaciones que la Constitución u otras leyes le impongan, o actuare de forma que atente gravemente al interés general de España, el Gobierno, previo requerimiento al Presidente de la Comunidad autónoma y, en el caso de no ser atendido, con la aprobación por mayoría absoluta del Senado, podrá adoptar las medidas necesarias para obligar a aquélla al cumplimiento forzoso de dichas obligaciones o para la protección del mencionado interés general.

2. Para la ejecución de las medidas previstas en el apartado anterior, el Gobierno podrá dar instrucciones a todas las autoridades de las Comunidades Autónomas.

ARTICULO 156 1. Las Comunidades Autónomas gozarán de autonomía financiera para el desarrollo y ejecución de sus competencias con arreglo a los principios de coordinación con la Hacienda estatal y de solidaridad entre todos los españoles.

2. Las Comunidades Autónomas podrán actuar como delegados o colaboradores del Estado para la recaudación, la gestión y la liquidación de los recursos tributarios de aquél, de acuerdo con las leyes y los Estatutos.

ARTICULO 157 1. Los recursos de las Comunidades Autónomas estarán constituidos por:
a) Impuestos cedidos total o parcialmente por el Estado; recargos sobre impuestos estatales y otras participaciones en los ingresos del Estado.
b) Sus propios impuestos, tasas y contribuciones especiales.

c) Transferencias de un fondo de compensación interterritorial y otras asignaciones con cargo a los Presupuestos Generales del Estado.
d) Rendimientos procedentes de su patrimonio e ingresos de derecho privado.

e) El producto de las operaciones de crédito.

2. Las Comunidades Autónomas no podrán en ningún caso adoptar medidas tributarias sobre bienes situados fuera de su territorio o que supongan obstáculo para la libre circulación de mercancías o servicios.

3. Mediante ley orgánica podrá regularse el ejercicio de las competencias financieras enumeradas en el precedente apartado 1, las normas para resolver los conflictos que pudieran surgir y las posibles formas de colaboración financiera entre las Comunidades Autónomas y el Estado.

ARTICULO 158 1. En los Presupuestos Generales del Estado podrá establecerse una asignación a las Comunidades Autónomas en función del volumen de los servicios y actividades estatales que hayan asumido y de la garantía de un nivel mínimo en la prestación de los servicios públicos fundamentales en todo el territorio español.

2. Con el fin de corregir desequilibrios económicos interterritoriales y hacer efectivo el principio de solidaridad se constituirá un Fondo de Compensación con destino a gastos de inversión, cuyos recursos serán distribuidos por las Cortes Generales entre las Comunidades Autónomas y provincias, en su caso.

TITULO IX
Del Tribunal Constitucional

ARTICULO 159 1. El Tribunal Constitucional se compone de 12 miembros nombrados por el Rey; de ellos, cuatro a propuesta del Congreso por mayoría de tres quintos de sus miembros; cuatro a propuesta del Senado, con idéntica mayoría; dos a propuesta del Gobierno y dos a propuesta del Consejo General del Poder judicial.
2. Los miembros del Tribunal Constitucional deberán ser nombrados entre Magistrados y Fiscales, Profesores de Universidad, funcionarios públicos y abogados, todos ellos juristas de reconocida competencia con más de quince años de ejercicio profesional.
3. Los miembros del Tribunal Constitucional serán designados por un período de nueve años y se renovarán por terceras partes cada tres.
4. La condición de miembro del Tribunal Constitucional es incompatible: con todo mandato representativo; con los cargos políticos o administrativos; con el desempeño de funciones directivas en un partido político o en un sindicato y con el empleo al servicio de los mismos; con el ejercicio de las carreras judicial y fiscal; y con cualquier actividad profesional o mercantil.
En lo demás, los miembros del Tribunal Constitucional tendrán las incompatibilidades propias de los miembros del poder judicial.
5. Los miembros del Tribunal Constitucional serán independientes e inamovibles en el ejercicio de su mandato.

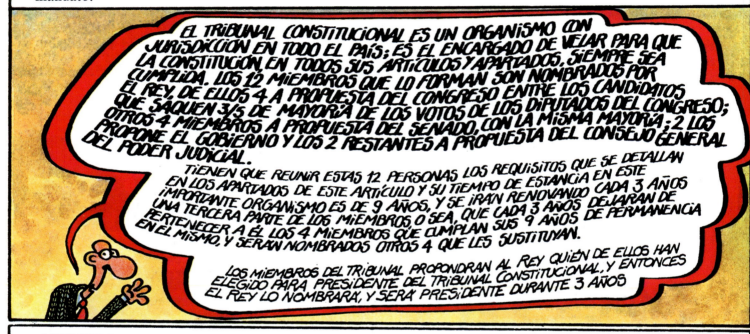

ARTICULO 160 El Presidente del Tribunal Constitucional será nombrado entre sus miembros por el Rey, a propuesta del mismo Tribunal en pleno y por un período de tres años.

ARTICULO 161 1. El Tribunal Constitucional tiene jurisdicción en todo el territorio español y es competente para conocer:

a) Del recurso de inconstitucionalidad contra leyes y disposiciones normativas con fuerza de ley. La declaración de inconstitucionalidad de una norma jurídica con rango de ley, interpretada por la jurisprudencia, afectará a ésta, si bien la sentencia o sentencias recaídas no perderán el valor de cosa juzgada.

b) Del recurso de amparo por violación de los derechos y libertades referidos en el artículo 53.2 de esta Constitución, en los casos y formas que la ley establezca.

c) De los conflictos de competencia entre el Estado y las Comunidades Autónomas o de los de éstas entre sí.

d) De las demás materias que le atribuyan la Constitución o las leyes orgánicas.

2. El Gobierno podrá impugnar ante el Tribunal Constitucional las disposiciones y resoluciones adoptadas por los órganos de las Comunidades autónomas. La impugnación producirá la suspensión de la disposición o resolución recurrida, pero el Tribunal, en su caso, deberá ratificarla o levantarla en un plazo no superior a cinco meses.

ARTICULO 162 1. Están legitimados:

a) Para interponer el recurso de inconstitucionalidad, el Presidente del Gobierno, el Defensor del Pueblo, cincuenta Diputados, cincuenta Senadores, los órganos colegiados ejecutivos de las Comunidades autónomas, y, en su caso, las Asambleas de las mismas.

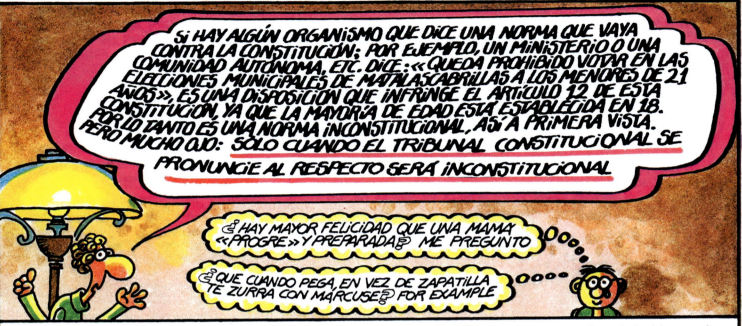

b) Para interponer el recurso de amparo, toda persona natural o jurídica que invoque un interés legítimo, así como el Defensor del Pueblo y el Ministerio Fiscal.

2. En los demás casos la ley orgánica determinará las personas y órganos legitimados.

ARTICULO 163 Cuando un órgano judicial considere, en algún proceso, que una norma con rango de ley, aplicable al caso, de cuya validez dependa el fallo, pueda ser contraria a la Constitución, planteará la cuestión ante el Tribunal Constitucional en los supuestos, en la forma y con los efectos que establezca la ley, que en ningún caso serán suspensivos.

ARTICULO 164 1. Las sentencias del Tribunal Constitucional se publicarán en el Boletín Oficial del Estado con los votos particulares, si los hubiere. Tiene el valor de cosa juzgada a partir del día siguiente de su publicación y no cabe recurso alguno contra ellas. Las que declaren la inconstitucionalidad de una ley o de una norma con fuerza de ley y todas las que no se limiten a la estimación subjetiva de un derecho, tienen plenos efectos frente a todos.
2. Salvo que en el fallo se disponga otra cosa, subsistirá la vigencia de la ley en la parte no afectada por la inconstitucionalidad.

ARTICULO 165 Una ley orgánica regulará el funcionamiento del Tribunal Constitucional, el estatuto de sus miembros, el procedimiento ante el mismo y las condiciones para el ejercicio de las acciones.

TÍTULO X

De la reforma constitucional

ARTICULO 166 La iniciativa de reforma constitucional se ejercerá en los términos previstos en los apartados 1 y 2 del artículo 87.

> TODAS LAS LEYES HUMANAS ENVEJECEN O QUEDAN DISTINTAS AL FIN PARA QUE FUERON CREADAS CON EL PASO DEL TIEMPO. LAS CONSTITUCIONES TAMBIÉN, POR ESO HAY QUE DICTAR EN LAS MISMAS CONSTITUCIONES LAS NORMAS PARA QUE ALGUNOS ARTÍCULOS QUE YA NO SIRVAN, PUEDAN SER CAMBIADOS. PERO ESTAS NORMAS, QUE SE ESPECIFICAN EN ESTE TÍTULO «X», FIJAOS QUE SON, Y ASÍ DEBEN SER, LO SUFICIENTEMENTE SENCILLAS Y COMPLICADAS PARA QUE UNA OPERACIÓN DE REFORMA DE LA CONSTITUCIÓN NO SE PUEDA HACER DE UN PLUMAZO, NI QUE SE TARDEN 5 AÑOS EN LLEVARLAS A CABO. EN PRIMER LUGAR, LA INICIATIVA PARA CAMBIAR LA CONSTITUCIÓN, SEGÚN ESPECIFICA ESTE ARTÍCULO 166, CORRESPONDE, COMO HACEN CONSTAR LOS APARTADOS 1 Y 2 DEL ARTÍCULO 87, AL GOBIERNO, AL CONGRESO, AL SENADO O A LAS ASAMBLEAS DE LAS COMUNIDADES AUTÓNOMAS.
> Y LUEGO SEGUID LEYENDO LOS PASOS SUCESIVOS QUE DEBEN ANDARSE PARA LOGRAR CAMBIAR UNA SOLA COMA DE LA CONSTITUCIÓN

> QUIZÁ ES LA PARTE CONSTITUCIONAL QUE MÁS ACUERDO EXIGE ENTRE LOS REPRESENTANTES DEL PUEBLO, LOS PARLAMENTARIOS DE LAS CORTES GENERALES

ARTICULO 167 1. Los proyectos de reforma constitucional deberán ser aprobados por una mayoría de tres quintos de cada una de las Cámaras. Si no hubiera acuerdo entre ambas, se intentará obtenerlo mediante la creación de una Comisión de composición paritaria de Diputados y Senadores que presentará un texto que será votado por el Congreso y el Senado.

> FIJAOS, PARA QUE PROSPERE UN PROYECTO DE REFORMA DE LA CONSTITUCIÓN TIENE QUE OBTENER LOS 3/5 DE LOS VOTOS DEL CONGRESO Y TAMBIÉN DEL SENADO. SI NO HAY ACUERDO ENTRE AMBAS CÁMARAS, INTENTARÁN QUE LO HAYA LOS MIEMBROS DE UNA COMISIÓN PARITARIA, O SEA: IGUAL NÚMERO DE DIPUTADOS Y SENADORES, QUE ELABORARÁ OTRO TEXTO QUE CONTENGA LA MISMA REFORMA PRESENTADA, Y VOLVERÁ A SER VOTADA POR EL CONGRESO Y EL SENADO. SI AÚN ASÍ NO SE ACEPTA, Y SIEMPRE QUE EN EL SENADO HAYA OBTENIDO MAYORÍA ABSOLUTA, MITAD MÁS UNO DE LOS VOTOS DE LOS SENADORES, EL CONGRESO PODRÁ APROBAR LA REFORMA POR MAYORÍA DE 2/3 DE LOS VOTOS DE LOS DIPUTADOS. PERO AÚN HAY MÁS; UNA DÉCIMA PARTE DE LOS MIEMBROS DEL CONGRESO O DEL SENADO, PUEDE SOLICITAR, DENTRO DE LOS 15 DÍAS SIGUIENTES A LA APROBACIÓN DE LA REFORMA, QUE ÉSTA SEA SOMETIDA A REFERÉNDUM DE TODO EL PUEBLO, Y SI ASÍ LO HACEN, HASTA QUE EL PUEBLO NO LA ACEPTE, LA REFORMA CONSTITUCIONAL NO TENDRÁ VALIDEZ COMO TAL

MACIZA ESTÁ

> Y AHORA, OS LEÉIS LOS ARTÍCULOS 168 Y 169, Y SE ACABARON LOS ARTÍCULOS DE ESTA CONSTITUCIÓN, CHATOS

2. De no lograrse la aprobación mediante el procedimiento del apartado anterior, y siempre que el texto hubiere obtenido el voto favorable de la mayoría absoluta del Senado, el Congreso por mayoría de dos tercios podrá aprobar la reforma.
3. Aprobada la reforma por las Cortes Generales, será sometida a referéndum para su ratificación cuando así lo soliciten, dentro de los quince días siguientes a su aprobación, una décima parte de los miembros de cualquiera de las Cámaras.

ARTICULO 168 1. Cuando se propusiere la revisión total de la Constitución o una parcial que afecte al Título Preliminar, al Capítulo segundo, Sección 1.ª del Título I, o al Título II, se procederá a la aprobación del principio por mayoría de dos tercios de cada Cámara, y a la disolución inmediata de las Cortes.
2. Las Cámaras elegidas deberán ratificar la decisión y proceder al estudio del nuevo texto constitucional, que deberá ser aprobado por mayoría de dos tercios de ambas Cámaras.
3. Aprobada la reforma por las Cortes Generales, será sometida a referéndum para su ratificación.

ARTICULO 169 No podrá iniciarse la reforma constitucional en tiempo de guerra o de vigencia de alguno de los estados previstos en el artículo 116.

DISPOSICIONES ADICIONALES

PRIMERA

La Constitución ampara y respeta los derechos históricos de los territorios forales. La actualización general de dicho régimen foral se llevará a cabo, en su caso, en el marco de la Constitución y de los Estatutos de Autonomía.

SEGUNDA

La declaración de mayoría de edad contenida en el artículo 12 de esta Constitución no perjudica las situaciones amparadas por los derechos forales en el ámbito del derecho privado.

TERCERA

La modificación del régimen económico y fiscal del archipiélago canario requerirá informe previo de la Comunidad Autónoma o, en su caso, del órgano provisional autonómico.

CUARTA

En las Comunidades Autónomas donde tengan su sede más de una Audiencia Territorial, los Estatutos de Autonomía respectivos podrán mantener las existentes, distribuyendo las competencias entre ellas, siempre de conformidad con lo previsto en la ley orgánica del poder judicial y dentro de la unidad e independencia de éste.

DISPOSICIONES TRANSITORIAS

PRIMERA

En los territorios dotados de un régimen provisional de autonomía, sus órganos colegiados superiores, mediante acuerdo adoptado por la mayoría absoluta de sus miembros, podrán sustituir la iniciativa que el apartado 2 del artículo 143 atribuye a las Diputaciones Provinciales o a los órganos interinsulares correspondientes.

SEGUNDA

Los territorios que en el pasado hubiesen plebiscitado afirmativamente proyectos de Estatuto de autonomía y cuenten al tiempo de promulgarse esta Constitución, con regímenes provisionales de autonomía podrán proceder inmediatamente en la forma que se prevé en el apartado 2 del artículo 148, cuando así lo acordaren, por mayoría absoluta, sus órganos preautonómicos colegiados superiores, comunicándolo al Gobierno. El proyecto de Estatuto será elaborado de acuerdo con lo establecido en el artículo 151, número 2, a convocatoria del órgano colegiado preautonómico.

TERCERA

La iniciativa del proceso autonómico por parte de las Corporaciones locales o de sus miembros, prevista en el apartado 2 del artículo 143, se entiende diferida, con todos sus efectos, hasta la celebración de las primeras elecciones locales una vez vigente la Constitución.

CUARTA

1. En el caso de Navarra, y a efectos de su incorporación al Consejo General Vasco o al régimen autonómico vasco que le sustituya, en lugar de lo que establece el artículo 143 de la Constitución, la iniciativa corresponde al Organo Foral competente, el cual adoptará su decisión por mayoría de los miembros que lo componen. Para la validez de dicha iniciativa será preciso, además, que la decisión del Organo Foral competente sea ratificada por referéndum expresamente convocado al efecto, y aprobado por mayoría de los votos válidos emitidos.

2. Si la iniciativa no prosperase, solamente se podrá reproducir la misma en distinto período de mandato del Organo Foral competente, y en todo caso, cuando haya transcurrido el plazo mínimo que establece el artículo 143.

QUINTA

Las ciudades de Ceuta y Melilla podrán constituirse en Comunidades Autónomas si así lo deciden sus respectivos Ayuntamientos, mediante acuerdo adoptado por la mayoría absoluta de sus miembros y así lo autorizan las Cortes Generales, mediante una ley orgánica, en los términos previstos en el artículo 144.

SEXTA

Cuando se remitieran a la Comisión de Constitución del Congreso varios proyectos de estatuto, se dictaminarán por el orden de entrada en aquélla, y el plazo de dos meses a que se refiere el artículo 151 empezará a contar desde que la Comisión termine el estudio del proyecto o proyectos de que sucesivamente haya conocido.

SEPTIMA

Los organismos provisionales autonómicos se considerarán disueltos en los siguientes casos:
a) Una vez constituidos los órganos que establezcan los estatutos de autonomía aprobados conforme a esta Constitución.
b) En el supuesto de que la iniciativa del proceso autonómico no llegara a prosperar por no cumplir los requisitos previstos en el artículo 143.
c) Si el organismo no hubiera ejercido el derecho que le reconoce la disposición transitoria primera en el plazo de 3 años.

OCTAVA

1. Las Cámaras que han aprobado la presente Constitución asumirán tras la entrada en vigor de la misma, las funciones y competencias que en ella se señalan respectivamente para el Congreso y el Senado, sin que en ningún caso su mandato se extienda más allá del 15 de junio de 1981.
2. A los efectos de lo establecido en el artículo 99, la promulgación de la Constitución se considerará como supuesto constitucional en el que procede su aplicación. A tal efecto, a partir de la citada promulgación se abrirá un período de 30 días para la aplicación de lo dispuesto en dicho artículo. Durante este período, el actual Presidente del Gobierno, que asumirá las funciones y competencias que para dicho cargo establece la Constitución, podrá optar por utilizar la facultad que le reconoce el artículo 115 o dar paso, mediante la dimisión, a la aplicación de lo establecido en el artículo 99, quedando en este último caso en la situación prevista en el apartado 2 del artículo 101.
3. En caso de disolución, de acuerdo con lo previsto en el artículo 115 y, si no se hubiera desarrollado legalmente lo previsto en los artículos 68 y 69, serán de aplicación en las elecciones las normas vigentes con anterioridad, con las solas excepciones de que en lo referente a inelegibilidades e incompatibilidades se aplicará directamente lo previsto en el inciso segundo de la letra b) del apartado 1 del artículo 70 de la Constitución, así como lo dispuesto en la misma respecto a la edad para el voto y lo establecido en el artículo 69.3.

NOVENA

A los tres años de la elección por vez primera de los miembros del Tribunal Constitucional, se procederá por sorteo para la designación de un grupo de cuatro miembros de la misma procedencia electiva que haya de cesar y renovarse. A estos solos efectos, se entenderán agrupados como miembros de la misma procedencia a los dos designados a propuesta del Gobierno y a los dos que proceden de la formulada por el Consejo General del poder judicial. Del mismo modo se procederá transcurridos otros tres años entre los dos grupos no afectados por el sorteo anterior. A partir de entonces, se estará a lo establecido en el número 3 del artículo 159.

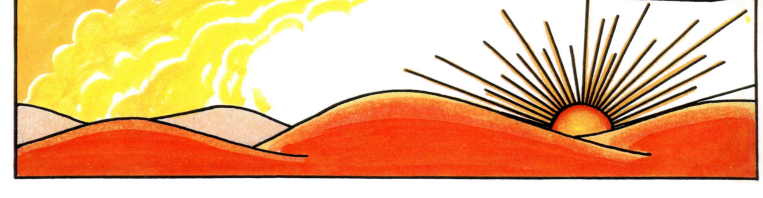

DISPOSICION DEROGATORIA

1. Queda derogada la Ley 1/1977, de 4 de enero, para la Reforma Política, así como en tanto en cuanto no estuvieran ya derogadas por la anteriormente mencionada ley, la de Principios Fundamentales del Movimiento de 17 de mayo de 1958, el Fuero de los Españoles de 17 de julio de 1945, el del Trabajo de 9 de marzo de 1938, la Ley Constitutiva de las Cortes de 17 de julio de 1942, la Ley de Sucesión en la Jefatura del Estado de 26 de julio de 1947, todas ellas modificadas por la Ley Orgánica del Estado de 10 de enero de 1967 y en los mismos términos esta última y la de Referéndum Nacional de 22 de octubre de 1945.

2. En tanto en cuanto pudiera conservar alguna vigencia, se considera definitivamente derogada la Ley del 25 de octubre de 1839 en lo que pudiera afectar a las provincias de Alava, Guipúzcoa y Vizcaya.
En los mismos términos se considera definitivamente derogada la Ley de 21 de julio de 1876.

3. Asimismo quedan derogadas cuantas disposiciones se opongan a lo establecido en esta Constitución.

DISPOSICION FINAL

Esta Constitución entrará en vigor el mismo día de la publicación de su texto oficial en el Boletín Oficial del Estado. Se publicará también en las demás lenguas de España.

¡ADIOS, CHATOS; ESTARÉ EN ESTE LIBRO SIEMPRE QUE ME NECESITEIS! MUCHOS BESOS DE VUESTRA MAMÁ, QUE OS QUIERE Y PROTEJE

constitución

remember

Tarareos:
"Esperanzas"
Pecos
"Anna"
Miguel Bosé
"Rasputín" y "Ríos de Babilonia"
Boney M.

Otros:
Albert Hammond
Paolo Salvatore
Lorenzo Santamaría
Umberto Tozzi
Camilo Sesto

Pelis de Aquí:
"7 días de Enero"
(Juan A. Bardem)
"Solos en la Madrugada"
(José Luis Garci)
"¿Que hace una chica como tú..."
(Fernando Colomo)
"Operación Ogro"
(G. Pontecorvo)
"La ciudad quemada"
(Antoni Ribas)

Peli de fuera más guay:
"El Cazador"
(Michael Cimino)

Se Van:
J. Esplandiú, pintor
José Mª Prada, actor
Charles Boyer, actor
Alfonso Paso, autor
Salvador de Madariaga, erudito
R. Zamora, portero
J. Gonzalvo, defensa
Santiago Bernabeu, Pres. Real Madrid

Viene:
Nace Louise Brown, 1ª niña probeta.

Los "Padres de la Constitución"
Los "Padres de la Constitución" (Fraga, Roca, Peces Barba, Cisneros, Pérez Llorca, Herrero de Miñón y Solé Tura) confían en que el proyecto de Constitución que han elaborado convenza a los españoles.

Unidos en el Día del Trabajo
La celebración del 1 de mayo, el Día del Trabajo, se convierte en una excelente plataforma para que la izquierda, desde el PSOE de Felipe González hasta el PCE de Carrillo, reivindique sus ideas.

El Papa sevillano
Clemente Domínguez, conocido popularmente como el Papa Clemente, se autoproclama como el Papa Gregorio XVII en el sevillano Palmar de Troya a finales de febrero.

La Casa de Alba ya tiene duque
Jesús Aguirre contrae matrimonio en el madrileño Palacio de Liria con la Duquesa de Alba y adquiere uno de los títulos nobiliarios más representativos de la aristocracia española.

La tragedia de "Los Alfaques"
La tragedia en el cámping de "Los Alfaques" en la localidad tarraconense de San Carlos de la Rápita, conmociona a la sociedad española. El estallido de un camión cisterna que transporta gas propileno causa 215 muertos y centenares de heridos.

1978

El éxito de la marcha

El fútbol y el motociclismo dejan de tener el monopolio de los éxitos del deporte español en las competiciones del extranjero. El marchador catalán Jordi Llopart se proclama campeón de Europa de los 50 kilómetros marcha.

Una firma para la historia.

El Rey Juan Carlos, ante la mirada de la reina Doña Sofía y del príncipe Felipe, procede a la sanción de la Constitución Española aprobada por las Cortes y ratificada por el pueblo español en referéndum. Una fecha para la historia: 27 de diciembre de 1978.

Un mal trago

Los peores tragos están aún por llegar: 23-F, desintegración de la UCD...Pero se van ganando batallas. Suárez anuncia la disolución de las Cortes y convoca elecciones para el 1 de marzo.

Los españoles respaldan por mayoría, en referéndum, la nueva Constitución.

Escalada de violencia

El año 78 supone el inicio de una escalada de violencia que durará tres años y pondrá en serio peligro el desarrollo pacífico de la transición. Bombas, atentados terroristas de ETA, muertos en manifestaciones, asesinatos ultras, secuestros...La fallida Operación Galaxia, comandada por el teniente coronel Tejero, muestran como los elementos ultras no se resignan. El "sí" mayoritario a la Constitución, en el referéndum del 6 de diciembre, es un soplo de aire fresco en un año plagado de fuertes convulsiones.

EL REY A LOS GENERALES: "NO SOIS DIOSES; SOIS NORMALES".
LA CONSTITUCIÓN PREPARAN: CIENTOS DE ENMIENDAS DESTACAN.

enero

2 La Iglesia española se declara descontenta con la aconfesionalidad recogida en el anteproyecto constitucional.

5 Tras largas y duras negociaciones entre el Gobierno y el PNV entra en vigor la pre-autonomía del País Vasco.

6 Durante la ceremonia de la Pascua Militar, el Rey Juan Carlos transmite a las Fuerzas Armadas la necesidad de demostrar que "somos capaces de vivir en paz, democracia y libertad".

13 Los miembros de la Guardia Civil pasan a depender exclusivamente del Ministerio del Interior, excepto en caso de guerra.

15 El grupo terrorista Frente Revolucionario Antifascista Patriótico (FRAP), de tendencia anarquista, reivindica el atentado con "cócteles molotov" contra la sala de fiestas "Scala" de Barcelona. En el atentado, dos empleados de la sala resultan muertos y otros dos se dan por desaparecidos.

25 Joaquín Viola, ex-alcalde de Barcelona, y su esposa son asesinados al estallarles en el pecho una bomba colocada por independentistas catalanes.

31 Se presentan 1.133 enmiendas al anteproyecto de Constitución.

Producto del consenso entre todas las fuerzas políticas es el anteproyecto de Constitución que, a finales de enero de 1978, ya tenía 1.133 enmiendas de los "Padres de la Patria".

El reciclado de políticos franquistas sigue dando lugar a evidentes demostraciones de "morro". El espectáculo es, sencillamente, cómico.

La Iglesia se muestra descontenta ante su futura separación del Estado, según se refleja en el anteproyecto constitucional. La cúpula del Ministerio de Justicia se dedica a "templar gaitas" episcopales.

1978

CARMEN CONDE A LA ACADEMIA: PARA LOS "MACHOS" ES BLASFEMIA.
DIMITE FUENTES QUINTANA Y ABRIL MARTORELL YA MANDA.

← Entre las enmiendas al proyecto de Constitución las hay de lo más curiosas: hasta había una que proponía como derecho inalienable de todos los españoles la graduación de la vista gratuitamente al llegar a la mayoría de edad.

↑ El consenso sobre el Estado autonómico también se va "bocetando" en el anteproyecto, lo que es interpretado como "falaz separatismo disolvente" por el "Búnker" histerizado.

↑ La crisis económica crea las primeras tensiones en UCD. Dimite Fuentes Quintana, vicepresidente económico, partidario de drásticos recortes presupuestarios. Le sustituye Abril Martorell, expansionista, muy arropado por empresarios y banqueros.

2 Homenaje de los Reyes a los republicanos españoles asesinados por los nazis en el Campo de exterminio de Mauthausen (Austria).

4 El Banco de España y la banca privada crean una sociedad anónima para adquirir bancos en crisis o con problemas de solvencia.

9 Por primera vez desde 1.784, una mujer ocupa un sillón en la Real Academia Española de la Lengua. Se trata de la poetisa Carmen Conde.

14 El líder separatista canario Antonio Cubillo participa en una reunión de la Organización para la Unidad Africana.

16 Tras el recuento final de las elecciones sindicales celebradas en toda España, la central CC.OO resulta vencedora frente a la UGT.

24 Adolfo Suárez reestructura su gabinete ante la súbita dimisión de su vicepresidente económico, Enrique Fuentes Quintana. Fernando Abril Martorell es nombrado vicepresidente para Asuntos Económicos y Ministro de Economía. "Los pactos de la Moncloa" están en peligro.

27 Boadella, director de "Els Joglars", se fuga del Hospial Clínico de Madrid donde, desde diciembre, permanecía detenido.

febrero 1978

OPUS Y OTROS INTEGRISTAS: ¡VAYA BASCA PROGRESISTA!
A LOS DE ELS JOGLARS CONDENAN, PERO SE HA LARGAO BOADELLA.

La Iglesia sigue "piándolas" ante los pactos constitucionales. El ala extrema eclesial, dirigida por el obispo Guerra Campos, "emburruña" cantidad: llegan a presionar hasta las esposas de los expertos constitucionalistas.

marzo

6 Un consejo de guerra condena a dos años de prisión a cuatro miembros de la compañía teatral catalana "Els Joglars".

7 El PSOE abandona la ponencia que elabora el borrador de la Constitución.

8 Los payeses sacan 10.000 tractores a las carreteras catalanas para presionar en la negociación de los precios agrícolas. Los miembros de la ponencia constitucional firman el proyecto de Constitución, que pasa a ser debatido en las Cortes Españolas.

11 El Gobierno y la UCD inician las gestiones para ingresar en la Organización para el Tratado de la Alianza Atlántica (OTAN).

18 Atentado de ETA militar contra las obras de la central nuclear de Lemóniz. Ocasiona la muerte de dos trabajadores y 14 resultan heridos de distinta consideración. La obra se considera fundamental para el Plan Energético Nacional elaborado por el Gobierno.

22 Asesinado en Madrid por el GRAPO el director de Instituciones Penitenciarias, Jesús Haddad. La banda terrorista lo justifica por la muerte del anarquista catalán Agustín Rueda y como advertencia a los que "torturan y maltratan a los presos políticos".

26 Más de 200.000 ciudadanos vascos celebran el primer Aberri Eguna legal y pacífico.

El Opus Dei también echa su "cuarto a cruces" y sus diputados correligionarios "proseletan" la tira en los pasillos del Parlamento.

Son muchos los exiliados que siguen volviendo, mientras el segundo gobierno de Adolfo Suárez inicia una tímida corrección de ancestrales injusticias. Por ejemplo, hasta que se apruebe la Constitución en diciembre de este año, no se aplicará, ni una sola vez, la aún vigente y censorial Ley de Prensa e Imprenta, dictada por Fraga en su época de ministro franquista.

1978

LA VILLAVERDE SE "ABRE" CON REGALOS DE SU PADRE. TARRADELLAS EN MADRID (Y DICE "YA ESTOY AQUÍ").

⬇ En el IX Congreso del PCE se explicita el "eurocomunismo". Más adelante, el PSOE hará desaparecer el término marxista en su definición ideológica.

abril

1 El Duque de Tovar celebra un mitin en el que anima a los seguidores franquistas a retomar la vía de las armas.

2 Tarradellas se instala en Madrid durante quince días para negociar con el presidente Suárez.

7 El líder del Movimiento para la Autodeterminación y la Independencia del Archipiélago Canario, Antonio Cubillo, resulta herido en un confuso atentado en la ciudad de Argel.

9 Después de las tensiones con las fuerzas de derecha por los artículos referentes a la religión, Peces Barba se reincorpora a la ponencia. Se publica el segundo borrador de la Constitución.

10 Las tesis del ala leninista vence en la reelección del comité ejecutivo del PSUC.

15 Acuerdo entre Adolfo Suárez y Josep Tarradellas sobre la enseñanza del catalán en los colegios de EGB de Cataluña.

21 Se celebra el IX Congreso del Partido Comunista de España. En él se aprueban los postulados del eurocomunismo y la eliminación del término marxista-leninista.

28 Felipe González y Enrique Tierno Galván anuncian la fusión del PSOE y del Partido Socialista Popular. El profesor Tierno Galván ocuparía desde entonces la presidencia de honor del PSOE.

La hija de Franco, Carmen Franco Polo, es detenida en Barajas durante dos horas, al intentar sacar de España un lote de brillantes y 31 monedas y medallas de oro.

↗ Como también se ha reunido el I Congreso Oficial de CC.OO, los "fachas" están que trinan y, así, el Duque de Tovar, celebra un mitin en el que anima a los franquistas a tomar de nuevo las armas. Lo que peor llevan es que el "Invicto Caudillo", Franco, haya pasado a ser adjetivado como "General".

1978

EN HUELGA, SEISCIENTOS MIL: SANIDAD, METAL, TEXTIL...
QUIEREN AL MES GANAR MÁS, LA CARESTÍA ES TOTAL.

← Como el gobierno de UCD tiene tantos frentes que atender se le escapan de las manos importantes problemas como el agrícola. Los huelguistas movilizan a más de 600.000 trabajadores en este caliente mes de mayo.

mayo

1 Por primera vez desde el año 1938 se celebra legalmente la festividad del primero de mayo, Día del Trabajo.

5 Comienzan los debates en comisión sobre el Texto Constitucional. El segundo borrador de la Constitución estuvo a punto de fracasar, ya que sus primeros artículos sólo contaron con el apoyo de la UCD y de Alianza Popular. Alfonso Guerra y Abril Martorell fueron los artífices del consenso entre la Unión de Centro Democrática y el Partido Socialista.

9 Felipe González, como secretario general del PSOE, anuncia en Barcelona que su partido abandonará los postulados marxistas.

11 El Parlamento aprueba el primer artículo de la Constitución Española: "España se constituye en un Estado social y democrático de Derecho. La forma del Estado español es la monarquía parlamentaria".

18 Más de 600.000 trabajadores de cinco sectores (metal, textil, construcción, hostelería y sanidad privada) se declaran en huelga por la negociación del convenio y para exigir subidas salariales.

Por fin, ha sido aprobado el borrador definitivo. Comienza la redacción final de la Constitución democrática. →

↗ Es aprobado en el Parlamento el artículo primero de la Constitución: será España un Estado social y democrático de Derecho, y su forma será la monarquía parlamentaria...

1978

LO DE "HACIENDA SOMOS TODOS" HACE CAMBIAR MUCHOS MODOS.
SE FUGAN ¡CUARENTA! REOS: EN EL MUNDO, CACHONDEO.

"Hacienda somos todos" es el eslogan que mueve a muchos españoles a tomarse en serio las obligaciones fiscales: el Estado social está basado en la redistribución.

junio

1 Las Cortes aprueban la pre-autonomía de Extremadura, Castilla-León y Baleares.
2 Más de 40 presos se fugan de la cárcel Modelo de Barcelona en una espectacular huida.
3 Violento homenaje de distintos sectores de la extrema derecha a la bandera española y en recuerdo de Franco en la capital de España.
7 Las Cortes aprueban la supresión de las discriminaciones contra el pueblo gitano.
14 Los Reyes don Juan Carlos y doña Sofía inician un viaje a China, Irán e Irak.
16 Las Cortes españolas aprueban que la mayoría de edad pase de los 21 a los 18 años, y que esta modificación se incluya en la Constitución Española.
24 Marcelino Camacho, el histórico líder sindical detenido por el franquismo en varias ocasiones, es reelegido como secretario general de CC.OO, el sindicato mayoritario.
26 ETA Militar asesina al periodista José María Portell, que se había convertido en mediador, durante los últimos meses, entre el Ministerio del Interior y ETA.

Mundial de fútbol en Argentina. La venta de televisores en color se multiplica. El fútbol mundial deja en segundo plano la agitada España de la época.

Argentina gana los Mundiales: la imagen del dictador Videla entregando la Copa a los jugadores argentinos hace que múltiples voces se oigan en todo el mundo en contra de los generales argentinos.

1978

EL "GAL" ERA "TRIPLE A": EN EL FRANQUISMO, NORMAL.
(GOBERNACIÓN ERA UN NIDO DE "INCONTROLADOS" DAÑINOS).

julio

2 Asesinada la mujer del ex-dirigente de ETA Juan José Etxabe, reivindicado por la Triple A.

3 Se elige la "Comissió dels Vint" que redactará el Estatut catalán.

8 Un muerto y más de 150 heridos por la actuación de la policía durante las fiestas de los sanfermines en Pamplona.

13 La actuación incontrolada de una compañía de la Policía Armada saquea la localidad de Rentería después de sofocar una manifestación. El Gobierno destituye al capitán de la Compañía y a los comandantes del Cuerpo de Pamplona y de San Sebastián.

17 Se reanudan en Londres las conversaciones hispano-británicas sobre la soberanía y el futuro de Gibraltar.

20 Las revalorizaciones irregulares del Banco Coca alcanzan ya los cinco mil millones de pesetas.

21 La banda terrorista ETA asesina al general Juan Sánchez Ramos-Izquierdo, como "método" de protesta y presión contra la aprobación del nuevo Texto Constitucional en las Cortes Españolas.

27 El Congreso de los Diputados aprueba por mayoría suficiente las Leyes Antiterrorista y de la Policía.

- "SINDICATO LIBRE" DE MARTÍNEZ-ANIDO
- GUERRILLEROS DE CRISTO REY
- TRIPLE A
- BATALLÓN VASCO ESPAÑOL
- CEDADE
- BASES AUTÓNOMAS
- GAL...

"SÓLO" DESDE 1917... ...Y QUE SEPAMOS

LOGRAREMOS QUE SE ACABEN LAS TRAMAS NEGRAS

La campaña de "Hacienda somos todos" ha sido un éxito para el Gobierno: más de 170.000 familias se han puesto al día fiscalmente.

El aniversario del 18 de julio de 1936 pasa ya sin pena ni gloria a las páginas interiores de los periódicos. En las portadas figuran ahora los debates constitucionales.

1978

PABLO VI LA HA "PALMADO": LOS FRANQUISTAS, ENCANTADOS.
...Y CLEMENTE, EL DEL PALMAR, 'LA DE TROYA' QUIERE ARMAR.

⬆ Continúan las tensiones entre los "barones" de UCD. Muchos de los "prebostes ucedeos" no se recatan en echar pestes de sus co-prebostes, incluso públicamente... Pero piden a los periodistas el velo del "off de record".

agosto

6 Muere el Papa Pablo VI, lo que provoca un gran impacto entre la curia romana del Vaticano.

8 El Estado marroquí rechaza la creación de un Estado saharaui.

10 La Asociación Española Católica, de claro matiz conservador, inicia una campaña contra la Constitución Española.

11 Los futbolistas españoles, que han creado su propio sindicato, deciden ir a la huelga tras reunirse en asamblea en defensa de salarios y contratos más dignos.

12 El "Papa Clemente" retrasa la fecha de su "entronización" en la capital andaluza.

17 Un pesquero español es ametrallado en pleno banco de pesca saharaui. La tensión, con el conflicto del Sahara y la postura marroquí de por medio, aumenta día a día.

26 El Cardenal de Venecia, Albino Luciani, elegido nuevo sumo pontífice con el nombre de Juan Pablo I.

29 El Ministro de Interior, Martín Villa, expedienta a ocho jefes de policía por la publicación del artículo "Dolorosamente hartos..." en referencia a los numerosos atentados sufridos. La Ley de Policía permite la creación de un sindicato policial.

Martín Villa, ministro de Interior, "monta un puro" a ocho comisarios de la Policía que han firmado un manifiesto con la frase inicial "Dolorosamente hartos...". El franquismo, aún, no cesa... ↘

⬅ Se aprovecha el mes de agosto para reparar la obsoleta infraestructura técnica del Metro de Madrid que, en los últimos meses, había tenido accidentes con un saldo de más de 300 heridos.

1978

JUAN PABLO I PALMA...¿EL VATICANO DESCANSA?
¿PLANIFICAR LA FAMILIA? AL "OBISPAMEN" DA TIRRIA.

septiembre

1 El gobierno de Adolfo Suárez establece centros de orientación familiar en distintas ciudades de España. Diversos colectivos de católicos y la Conferencia Episcopal critican esta iniciativa.

2 Comienza la enseñanza de la lengua catalana en los colegios de Enseñanza General Básica de toda la comunidad de Cataluña.

7 El "Guernica", el cuadro más famoso de Pablo Picasso, se trasladará por fin al Museo del Prado para su exposición permanente, según declara la viuda del genio.

9 Ametrallados cinco pesqueros españoles que estaban faenando en aguas de Mauritania.

19 El teatro Eslava de Madrid estrena la obra de Lorca "Así que pasen cinco años", prohibida durante los años del régimen franquista.

25 El empresario catalán Ferrer Salat es reelegido presidente de la patronal empresarial CEOE.

28 Muere repentinamente el Papa Juan Pablo I, cuyo pontificado sólo ha durado 33 días. Una misteriosa y nunca aclarada enfermedad pone fin a un corto pontificado aperturista. Un mes después será elegido Karol Wojtila como nuevo pontífice.

"Maniobras Orquestales en la Oscuridad": varios miembros ucedeos trabajan a la sombra en contra del presidente Adolfo Suárez. Hasta lo que se habla en los Consejos de Ministros lo saben los restantes partidos políticos en pocos minutos....

El Grupo mixto del Parlamento empieza a acoger a los diputados "enfadados" con sus partidos políticos. Pronto se usa el más literario término de "tránsfuga" en lugar del, hasta entonces vigente, "chaquetero".

El Gobierno dicta un tímido decreto por el que se crean los centros de orientación familiar. La "católica España" pone el grito en el cielo.

1978

LO DE LA "OLA DE EROTISMO" NO A TODOS DA LO MISMO.
FOLLÓN DE LA BANCA COCA: SE HAN "LLEVAO" UNA "PASTA LOCA".

↑ El Parlamento Español aprueba el consensuado Texto

Constitucional. Pronto será sometido a referéndum de los españoles. Los debates han sido largos, cansados y no siempre amenos.

↑ La "ola de erotismo que nos invade" alcanza cotas "destapísticas" hasta entonces desconocidas. Lo chabacano pronto ocupa el lugar de lo erótico.

octubre

1 Entra en vigor el acuerdo pesquero con la Comunidad Económica Europea: 260 barcos españoles podrán faenar en aguas comunitarias.

3 Asesinado en Bilbao el capitán de corbeta Francisco Liesa.

4 La fiebre del destape invade las carteleras de los cines y publicaciones españolas.

9 Más de 150.000 ciudadanos celebran la Diada de Catalunya en las calles de Barcelona.

14 El fiscal Fernando Jiménez interpone una querella criminal contra el titular del Banco Coca, en lo que es uno de los mayores escándalos financieros de la transición española.

19 Se celebra el Congreso constituyente de la Unión de Centro Democrático como partido político y no como coalición. Adolfo Suárez será elegido su presidente.

26 Aparece en los kioskos "El Periódico" de Catalunya.

30 Un paquete bomba explota en las oficinas de "El País". Un grupo de extrema derecha reivindica el atentado, en el que resulta muerto un trabajador del diario.

31 El Congreso y el Senado aprueban el texto de la nueva Constitución, que será sometida a referéndum.

← Siguen los tibios contactos con el Mercado Común: se consigue firmar un acuerdo preferencial de pesca, por el cual 260 barcos españoles podrán faenar en aguas comunitarias.

1978

LOS FRANQUISTAS GRITAN "NO" (NO QUIEREN CONSTITUCIÓN) Y LOS ETARRAS Y GRAPOS DICEN QUE ¿NO? CON BALAZOS.

noviembre

1 La banda terrorista ETA irrumpe en dos cines de San Sebastián para leer un comunicado contra la Constitución Española.

7 Felipe González, líder del PSOE, es nombrado vicepresidente de la Internacional Socialista.

11 Se celebra una reunión secreta en la cafetería "Galaxia" de Madrid entre el teniente coronel de la Guardia Civil, Antonio Tejero, y otros tres oficiales. "Tomaremos la Moncloa el 17", es su consigna.

16 Es abortada la Operación "Galaxia". Antonio Tejero y el capitán de la Policía Armada, Ricardo Sáenz de Ynestrillas han sido arrestados. Son acusados de preparar un golpe de Estado con el que pretendían imponer un "gobierno de salvación nacional". La operación se ha gestado en la cafetería Galaxia del madrileño barrio de Argüelles. El día elegido para tomar la Moncloa era el 17: el Rey viaja a México, la cúpula militar está ausente y el Gobierno celebra un Consejo de Ministros.

17 Asesinado en Madrid el magistrado del Tribunal Supremo, Francisco Mateu. Había sido del Tribunal de Orden Público.

↑ Curiosamente, y a la vez que los ultras piden el "no" a la Constitución durante el 20-N en la Plaza de Oriente, se anuncia la vuelta a los ruedos de Manuel Benítez "El Cordobés".

↙ Se diseña en la cafetería Galaxia de Madrid un golpe de Estado militar. El "ejercicio táctico" lo coordina el teniente coronel de la Guardia Civil, Tejero (el franquista que no cesa).

↘ El Texto Constitucional ha revolucionado a los fascistas, franquistas y conservadores de toda laya. La "operación Galaxia" es sólo la punta del iceberg de lo que se está tramando.

1978

¿HABEMOS CONSTITUCIÓN? (LOS VIOLENTOS, TOROZÓN) QUE TODOS SEAMOS IGUALES, LES PONE "PELOS FATALES".

El referéndum constitucional dota a los españoles de la cuarta Constitución democrática de su historia. El consenso entre las fuerzas políticas parlamentarias ha sido casi total a excepción de la abstención del nacionalismo vasco y de la negativa de la ultraizquierda (?) vasca y catalana.

→ La Constitución hace que quede abolida la pena de muerte "... en tiempo de paz". España pasa a ser el país número nueve entre los abolicionistas universales.

← El día 29, Suárez anuncia elecciones para el día 1 de marzo de 1979. Las Cortes se disuelven. Don Manuel Fraga se prepara para liderar de nuevo la Derecha española.

diciembre

6 Se celebra el referéndum de la Constitución. Más de 25 millones de españoles tienen derecho a voto. Sin embargo, sólo acude a votar el 67,1 por ciento de los electores. Gana el "sí" con el 87,87 por ciento de los votos emitidos por el 7,83 por ciento del "no". En el País Vasco triunfa la abstención y el "no".

8 El Boletín Oficial del Estado publica la Ley Antiterrorista y la Ley de Policía.

13 Nace la coalición nacionalista catalana Convergencia i Unió, liderada por Jordi Pujol.

20 Los militares no deberán obedecer órdenes contrarias a la Constitución, según una Ley aprobada por el Congreso de los Diputados.

21 Etarras disidentes asesinan en Francia al máximo dirigente de ETA, José Miguel Beñaran "Argala", en el quinto aniversario de la muerte de Carrero Blanco.

23 Queda abolida en España la pena de muerte en tiempo de paz.

27 En sesión solemne de las Cortes, el Rey sanciona la Constitución.

29 Suárez anuncia elecciones anticipadas para el 1 de marzo.

1978

forgesteca 1978

El Búnker, la fatal dentadura de Adolfo Suárez, la improvisada UCD, los problemas económicos, lo kafkiano de la Administración, las "trampas negras" del Estado... la desconfianza de los ciudadanos en los "improvisados políticos democráticos del Gobierno" ucedeos... estos dibujos son algunos de los que un servidor publicaba en la revista CAMBIO16.

remember

Tarareos:
"Gavilán o paloma"
(Pablo Abraira)
"Credo"
(Elsa Baeza)
"Cisne cuello negro"
(Basilio)
"Linda"
(Miguel Bosé)

Otros:
Grecas
J. B. Humet
Mocedades
C. Sexto
M. Gallardo
J. Pardo

Pelis de aquí:
Las truchas
(J. L. Gª Sánchez)
Tigres de papel
(F. Colomo)
Parranda
(G. Suárez)
Camada negra
(M. Gutiérrez Aragón)

Pelis de fuera más guay:
Annie Hall
(Woody Allen)

Se van:
Dr. Trueta
María Callas
V. Nabokob
Anais Nin
Rosellini
A. Machin

El Rey bautiza el primer gobierno Constitucional
La foto de familia del primer gobierno constitucional, el tercero de la era Suárez, deja fuera a dos pesos pesados de la transición política: Martín Villa y Fernández Ordoñez. Un sonriente Adolfo Suárez cambia impresiones con su majestad el Rey Juan Carlos. Rodríguez Sahagún, en Defensa, es la novedad más llamativa.

Al teléfono
No hacían falta teléfonos móviles. Rodolfo Martín Villa, como Ministro del Interior, estuvo informado en todo momento del desarrollo de las elecciones generales del 1 de marzo. Días después, saldría del Gobierno.

El Rey da la bienvenida a las nuevas Cortes
El Rey Juan Carlos, flanqueado por la Reina Doña Sofía y el nuevo presidente del Congreso, Landelino Lavilla, pronunció un emotivo discurso durante la apertura de las primeras Cortes Constitucionales. Por fin, España cuenta con una Constitución Democrática similar a la de los países de nuestro entorno.

1979

El infierno de California 47

Los GRAPO atacan donde más duele. Una bomba colocada en el lavabo de señoras de la cafetería California 47, frecuentada por simpatizantes de Fuerza Nueva, causa ocho muertos y decenas de heridos.

Felipe se olvida de Marx

Tras su dimisión en el XXVIII Congreso del PSOE celebrado en mayo, Felipe González resulta reelegido secretario general de los socialistas. Al final, como casi siempre en los últimos años de vida del PSOE, logra aprobar sus tesis: el marxismo pasaba a ser un "instrumento teórico" pero no el ideal del proyecto socialista.

Franco revive en la Plaza de Oriente

Diez mil nostálgicos del régimen franquista, brazo en alto, se concentran en la madrileña Plaza de Oriente. Sus gritos y sus cánticos en favor de Franco y el Ejército no logran ocultar la desilusión de los organizadores por la escasa asistencia al acto.

La UCD triunfa de nuevo en las elecciones generales pero la izquierda arrasa en las municipales.

Llegan las autonomías

En el año 79 se elaboran y aprueban los estatutos vasco y catalán. Estas dos nacionalidades históricas son las primeras en poner en marcha un régimen autonómico que tiende hacia la descentralización del Estado español, tal como postula la Constitución recién aprobada. Pero ni la Constitución ni el referéndum que ratificó el Estatuto vasco pudieron frenar la violencia de ETA, implacable contra objetivos militares. En política, pese al triunfo de la UCD en las generales, la izquierda prepara su llegada al poder a través de los ayuntamientos más importantes.

LOS ETARRAS DESALMADOS MATAN MUCHO EN ATENTADOS. APROVECHAN LOS ENTIERROS LOS FASCISTAS DONOSTEROS.

enero

1 A petición del Gobierno español, Estados Unidos empieza a retirar su armamento nuclear de la base madrileña de Torrejón de Ardoz. Se mantiene el consenso entre Suárez y la oposición para no suscitar la cuestión de la entrada en la OTAN.

2 Asesinados un comandante del ejército español y un cabo de la Policía Armada en el País Vasco.

3 Asesinado en atentado el Gobernador Militar de Madrid, Constantino Ortín. Martín Villa declara en TVE: "O nosotros acabamos con ETA o ETA acaba con nosotros".

5 Durante los funerales del general Ortín, el vicepresidente Gutiérrez Mellado es insultado por sus propios compañeros de milicia que gritan "Gobierno asesino".

6 Durante la Pascua Militar, el Rey dice a la plana mayor de los ejércitos: "Es preciso que cada uno obedezca sin dudarlo, las órdenes de su superior".

26 Firmas de los nuevos acuerdos económicos entre la Santa Sede y el Estado español. El Consejo de Ministros autoriza a operar en España a más de una decena de bancos extranjeros.

La violencia terrorista aumenta considerablemente al iniciarse el año. Con motivo de los Reyes Magos, se inician tibias campañas contra los juguetes en "plan armas".

El Gobernador Militar de Madrid, General Ortín, es asesinado por ETA en Madrid... en su sepelio, los "fachas" insultan al vicepresidente Gutiérrez Mellado, pero éste reacciona gallardamente y los "ultras" se achantan.

El mes acaba con una buena noticia: el acuerdo que se ha firmado con la Cuba de Fidel garantiza el azúcar a los españoles hasta el año 2000...

1979

"ALGUIEN" DICE "CONTRADIZGO"; CERVANTES SE QUEDA VIZCO. "NO DOY POR MÍ NI UN OCHAVO"... AÚN OIRÉ "CATORCEAVO".

← La inmunidad de la ultraderecha es palmaria: el argentino J. Cesarki, acusado de terrorismo fascista con causa de muerte, es puesto en libertad... los "ultras" se crecen ante las próximas elecciones generales, mientras Jomeini hace retroceder al Islam varios siglos.

↑ Las ojeras de UCD: parámetro aspectal de los gobernantes ucedeos... se dijo que en esta campaña electoral se maquillaban ojeras en sus apariciones en la tele para infundir lástima en el electorado.

← Primer patinazo, que se recuerda, del PSOE: el diputado Múgica, ante doce millones de espectadores, en un coloquio sobre terrorismo, dice "contradizco" en lugar de "contradigo". No llegó a ser bochornoso. El bochorno llegaría diez años después.

1 Queda en libertad provisional el famoso ultraderechista argentino Jorge Cesarski.

5 El gobierno de Adolfo Suárez presenta oficialmente la solicitud de adhesión a la Comunidad Económica Europea en un ambiente poco optimista debido a la crisis energética, agravada con la llegada al poder de Irán de los radicales islamistas, liderados por Jomeini.

12 Asesinado el Jefe de la Policía Municipal de Munguía, en la provincia de Vizcaya.

13 Conforme a la autorización de la entrada de entidades de crédito extranjeras, se constituye el Banco Saudita Español, con 3.500 millones de pesetas de capital.

20 Se firma un nuevo convenio textil entre España y la Comunidad Económica Europea, en el doble marco del Tratado Preferencial y del Acuerdo Multifibra del GATT.

28 Jornada de reflexión ante las elecciones generales del 1 de marzo. La "oferta política" es similar a la del 77 (UCD, PSOE, PCE y AP) con la novedad de Herri Batasuna en el País Vasco.

febrero 1979

UCD GANA EN LA URNA: EL PSOE VA Y "DESENFUNDA". ADOLFO FUE "CONFIRMADO": LO QUISO EL ELECTORADO.

El batacazo de Fraga es monumental: Alianza Popular, el franquismo "strong", es batida en las urnas… la derechona paga los "forrenta" años de franquismo.

1 de marzo: UCD gana las generales y debe poner en marcha su "slogan" electoral: … y ahora ¡a gobernar!

Los españoles asistimos a la primera investidura en el Parlamento del candidato a presidente de un gobierno democrático, tras un largo paréntesis de 40 años… fue emocionante. Se los juro.

1 Se celebran las primeras elecciones generales después de la aprobación de la nueva Constitución. La UCD mejora sus resultados del 77 pero no logra la mayoría absoluta. El partido de Suárez obtiene el apoyo del 34,95 por ciento de los electores. El PSOE se le acerca y consigue el 30,50 por ciento de los votos. El PCE obtiene 23 escaños y Coalición Democrática 9. Herri Batasuna alcanza los tres escaños.

5 Cinco miembros de ETA Político-Militar roban mil kilos de Goma-2 en las afueras de Pamplona.

14 Se firma en la capital de Portugal, Lisboa, el nuevo convenio de pesca hispano-luso.

20 La crisis del sector naval amenaza con el despido a miles de trabajadores de distintas ciudades españolas. El Instituto Nacional de Industria (INI) se tiene que hacer cargo de Astilleros Españoles y de Astano.

21 Adolfo Suárez anuncia los nombres de los nuevos presidentes del Congreso y del Senado: Landelino Lavilla y Cecilio Valverde, respectivamente.

29 El Rey Juan Carlos encarga a Adolfo Suárez la formación de un nuevo Gobierno.

30 Adolfo Suárez es investido Presidente del Gobierno. Su candidatura es aprobada con el apoyo del Partido Socialista Andaluz.

marzo 1979

PRIMERAS MUNICIPALES: ¿ADIOS FASCISTAS-ALCALDES? NUEVO SALARIO "MÍNIMO": 630,00 ¿QUÉ TIMO?

En este año electoral, ahora le toca el turno a las elecciones municipales que se celebran el día 3 de abril.

La izquierda triunfa en las principales capitales y, en varias de ellas, socialistas y comunistas se coaligan para gobernar los ayuntamientos.

abril

1 A dos días de las elecciones municipales, varios periódicos publican las listas de las contribuciones a Hacienda de amigos y parientes de Adolfo Suárez. Sus declaraciones de renta y patrimonio resultan irrisorias para el cargo que ocupan y la posición social y económica que se les atribuye.

3 Se celebran las primeras elecciones municipales después de la Constitución. Triunfan los partidos de izquierda (42,5 por ciento de los ayuntamientos). PSOE y PCE suscriben el Pacto Municipal de la Izquierda por el que será alcalde el primero de la lista de izquierdas más votada. Eso ocurre en grandes ciudades como Madrid, Barcelona, Valencia, Sevilla, Zaragoza o Málaga.

5 Suárez nombra su nuevo Gobierno. Martín Villa y Fernández Ordóñez salen del Gabinete. Abril Martorell se consolida como el hombre de confianza de Suárez. Por primera vez un civil, Agustín Rodríguez Sahagún, se hace cargo de la cartera de Defensa. Gutiérrez Mellado sigue como vicepresidente.

26 El nuevo salario mínimo para los mayores de 18 años se fija en 640 pesetas diarias y 19.230 al mes.

28 Las ponencias para el XXVIII Congreso del PSOE abren la discusión sobre los estatutos, la estructura interna y la acumulación de cargos.

La derecha sale de ayuntamientos en los que, fósil, llevaba siglos gobernando, ante las coaliciones de izquierdas "se pone de los nervios" y ABC inventa la frase "frente social-comunista" en alusión al Frente Popular de 1936.

1979

GONZÁLEZ DA LA ESPANTDA: ES EL MARXISMO LA CAUSADA...
LUEGO VOLVERÁ FRDÓ: ERA EL LÍDER, YA ES "JEFÓN".

mayo

5 Asesinado en Madrid el general del Ejército Gómez Hortigüela.

6 Una bomba colocada en el lavabo de señoras de la Cafetería California 47, en la madrileña calle de Goya, causa ocho muertos y heridas a otras cuarenta. Esta cafetería solía ser frecuentada por miembros de Fuerza Nueva, dada la proximidad de la sede de ese partido. Incluso antes de que se produzca la reivindicación, la Policía atribuye el salvaje atentado a los GRAPO.

9 El Rey Juan Carlos inaugura la primera legislatura de las Cortes Constitucionales.

15 Se forma una comisión mixta de parlamentarios que establece que los estatutos de autonomía seguirán la misma tramitación que una Ley Orgánica.

17 El XXVIII Congreso del PSOE apoya la gestión de la ejecutiva.

20 Felipe González renuncia a seguir siendo el Secretario General del PSOE, ante las criticas de algunos miembros del partido por lo que consideran un giro a la derecha. González dimite por razones éticas y asegura que hay que ser "socialista antes que marxista".

Por un "quítame allá ese marxismo" dimite un Secretario General del PSOE, Felipe González, en el transcurso de su 28º Congreso.

Una Gestora se hace cargo de la Secretaría General mientras se desmonta el marxismo (y a los marxistas) de la cúpula socialista.

El socialismo se re-edificará sobre el liderazgo personal de Felipe González... en septiembre se celebrará el Congreso Extraordinario, donde se confirmará este, entonces, suponer...

El "slogan" electoral del PSOE, que aludía a su centenario, fue utilizado por un servidor, en este "impass" cupular.

1979

SE ESTRELLAS LOS DC-10... (SI LO MEJOR SON LOS PIES).
LA PRENSA DEL MOVIMIENTO, DE UN PLUMAZO, A TOMAR VIENTO.

← Para contrarrestar a los "ultras", el Gobierno ordena programar en TVE la serie antinazi "Holocausto". Toda España ve...

↘ Cuasi colapso aéreo mundial: los aviones DC-10 son obligados a no despegar. Algo está mal en su diseño original.

↑ ETA sigue asesinando. Ignora los esfuerzos de convivencia de todos los españoles... se irán labrando la fama de nazis a pulso... y disparo en la nuca.

3 En una manifestación antinuclear celebrada en la localidad Navarra de Tudela muere a tiros una joven que pertenecía a un movimiento ecologista.

5 Se convoca una huelga general en Navarra y el País Vasco.

10 La policía nacional irrumpe en el pleno municipal celebrado en la localidad guipuzcoana de Rentería, una de las que cuenta con mayores votantes abertzales. Se convoca una huelga general para el día siguiente.

11 Se firma el acuerdo comercial entre España y Portugal. Se celebran las primeras elecciones directas en los países miembros de la Comunidad Económica Europea para elegir a los 410 diputados del Parlamento Europeo.

14 Felipe González pronuncia una frase que resultará histórica para ampliar su base electoral en futuras elecciones: "el socialismo no es sólo de la clase obrera".

16 Para afianzar la política de ahorro, el Gobierno decide el cierre de seis periódicos de la antigua cadena de prensa del Movimiento.

29 La banda terrorista ETA lanza una ofensiva en varias localidades turísticas del sur de España.

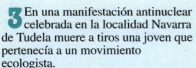

junio
1979

DE ETA UNOS PISTOLEROS HIEREN A GABRIEL CISNEROS, DIPUTADO DE UCD Y SORIANO MUY CHIPÉN.

🔻 La seguridad ciudadana empieza a ser un problema: la policía franquista no está preparada para garantizar las libertades democráticas.

julio

2 Josep Tarradellas se instala en Madrid para negociar el Estatuto, pero los parlamentarios catalanes exigen mayor protagonismo en la negociación.

3 El diputado de UCD Gabriel Cisneros resulta herido gravemente al resistirse a ser secuestrado por ETA Político-Militar.

8 La banda terrorista ETA asesina al comandante Antonio Varela Rúa, en Tudela, y al civil Luis Berasategui, en Vergara.

12 Un aparatoso incendio en el Hotel Corona de Aragón de Zaragoza provoca la muerte de 72 personas. En el hotel estaba hospedada la hija de Franco, Carmen Polo.

16 Se llega a un acuerdo sobre el Estatuto vasco, gracias al talante negociador de Carlos Garaicoetxea, presidente del Consejo General Vasco. Tres cuestiones resultaron las más polémicas: la integración de Navarra, el tratamiento financiero y la cuestión policial. Se establece una vía de acuerdo mediante la cual Navarra puede integrarse a la autonomía mediante referéndum.

29 ETA Político-Militar coloca varias bombas en el aeropuerto y en dos estaciones de Madrid provocando cinco muertos.

🔻 Más follones: el ingenio espacial "Skylab" de los yanquis se "esferula" y amenaza con caer sobre un lugar indeterminado del Globo.

El Gobierno diseña el primer plan de ahorro energético: desde la crisis del petróleo de 1972, en España no se ha hecho nada para ahorrar energía. ➡

1979

LOS ANUNCIOS DE "RELAX" ANIMAN AL "PERSONÁS": DESDE "WANDA, MUCHO CUERO" A "PUEDES MORDERME EL LIGUERO".

← Los diarios empiezan a publicar ingentes páginas de anuncios por palabras, referidos a sexo y relax.

↘ Suárez visita Barcelona en viaje oficial: el resquemor de los nacionalistas ante los franquistas "light" de UCD es vencido pronto por la simpatía personal y las "ideas claras" del Presidente.

4 Mauritania reconoce al Frente Polisario como administrador legítimo del Sáhara y se retira del territorio de Tiris el Gharbia.

5 Un avión de la compañía aérea española Iberia es secuestrado en Canarias por tres legionarios.

7 Tras el acuerdo sobre el Estatuto vasco, le toca el turno al catalán. La UCD plantea más de 200 objeciones al texto elaborado por una comisión mixta. El socialista Martín Toval, el comunista Solé Tura y el convergente Roca Junyent llevan el peso de la negociación. El día 7 finalizan los debates y el 13 se aprueba el texto en el Congreso.

13 El vicepresidente del Gobierno para Asuntos Económicos, Fernando Abril Martorell, anuncia sus nuevas orientaciones económicas: 2,5 por ciento de crecimiento real y una inflación que oscilara entre el 12 y el 14 por ciento.

14 La policía española da muerte a Pedro Tabanera, uno de los miembros más buscados del GRAPO. La banda terrorista se considera, una vez más, casi desarticulada.

28 Encierro de varios alcaldes en el ayuntamiento extremeño de Villanueva de la Serena para protestar contra la construcción de la central nuclear de Valdecaballeros.

agosto

↗ Los periódicos informan de gigantescos incendios forestales que asolan la Península en agosto... todo está por hacer: hasta en la lucha contra los incendios forestales...tampoco el franquismo había hecho nada.

FELIPE VUELVE TRIUNFANTE: LOS SOCIALISTAS, FLAMANTES. EL PEG DE ABRIL MARTORELL NO SE LO CREÍA NI ÉL.

septiembre

1 Miles de personas se concentran en contra de la central nuclear de la localidad pacense de Valdecaballeros.

5 La presión popular en toda Extremadura, secundada por la fuerte oposición del Partido Socialista Obrero Español, obliga al Gobierno a suspender temporalmente la autorización para construir Valdecaballeros.

11 Fernando Abril Martorell, el responsable de la política económica del gabinete de Suárez, presenta a las Cortes el Programa Económico del Gobierno. La lucha contra la inflación y conseguir un crecimiento estable se consideran prioritarios.

12 Es retirada del Festival de Cine de San Sebastián la película "Operación Ogro", que narra el atentado en el que fue asesinado el Almirante Carrero Blanco.

28 Se celebra el Congreso Extraordinario del PSOE para elegir una nueva ejecutiva y resolver los debates ideológicos sobre la línea política a seguir.

29 Felipe González es reelegido de nuevo como Secretario General del PSOE, reafirmando su línea de moderación alejada de las tesis marxistas.

El gobierno de UCD, por medio de su vicepresidente económico, Abril Martorell, presenta en las Cortes su Programa Económico de Gobierno: hay que detener la inflación como sea...

En el Congreso Extraordinario del PSOE es reelegido Felipe González como Secretario General: los "rojos-rojos" han sido vencidos... los "renovadores" toman el poder... y todos los "psociatas" se apiñan con su líder.

Los precios han ido de mal en peor: el retorno vacacional ha supuesto incrementos de hasta el 60 por ciento en algunos artículos.

1979

TRINCAN A 20 DEL GRAPO, PERO QUEDAN OTROS TANTOS. EL COMISARIO CONESA SE JUBILA ¿NO LE CESAN?

La ultraderecha sigue campando tan pancha ante la pasividad de la Policía; la impunidad es "morréica".

Las "tramas negras" de la FOP pierden a uno de sus "presuntos" aliados: el extraño comisario Conesa se jubila... pero sólo es uno de los "presuntos"... Reiteramos: se jubila. No es obligado a dimitir.

Problemas para el Gobierno en el Parlamento: ninguno de sus candidatos para Defensor del Pueblo es aceptado por la Oposición... la "rebusca" es exhaustiva.

5 El nuevo salario mínimo interprofesional queda fijado en 692 pesetas diarias.

11 Detenido un comando de ETA cuando intentaba volar el cuartel de la Guardia Civil en San Sebastián.

13 La Policía logra capturar, en una espectacular operación, a una veintena de terroristas de los GRAPO. En Valencia se captura a José María Sánchez Casas, considerado el máximo dirigente de la organización y presunto autor del sangriento atentado contra la cafetería "California 47".

19 Se aprueba la Ley del Fondo de Acción Urgente para compensar los desequilibrios regionales.

22 ETA Político-Militar interrumpe un programa de Radio Televisión Española para pedir el sí al Estatuto de Guernica.

23 El político José María Bandrés denuncia ante el Ministerio de Interior la presunta existencia de torturas en el País Vasco.

25 Cataluña y el País Vasco votan "sí" a sus estatutos de autonomía en referéndum popular. Los votos afirmativos alcanzan el 88,1 por ciento en Cataluña y el 90,29 por ciento en el País Vasco.

26 Comienzan en Bruselas las negociaciones para la entrada de España en la CEE.

octubre 1979

ETA A RUPÉREZ SECUESTRA: EL FASCISMO QUE NO CESA.
OTRO FASCISMO, TAN TERNE, CELEBRA SU 20-N.

El segundo aniversario del fin de Franco congrega aún a menos personal "facheando" que en el primero: ya son sólo unos diez mil, pero meten mucha bulla... y su "camada negra" agrede a "barbudos y peludos".

noviembre

4 La embajada de Estados Unidos en Teherán es asaltada por una multitud de estudiantes islámicos, que toman como rehenes a todos los norteamericanos presentes en el edificio.

11 ETA Político-Militar secuestra al diputado y secretario de Relaciones Exteriores de la Unión de Centro Democrático, Francisco Javier Rupérez. Es la primera vez que ETA secuestra a un político elegido en democracia por el pueblo.

17 El ministro de Asuntos Exteriores soviético, Andrei Gromiko, visita oficialmente Madrid. Gromiko afirma que la entrada de España en la OTAN podría alterar el equilibrio político de Europa.

27 El Congreso de los Diputados autoriza el procesamiento de Monzón y Letamendía.

28 La contaminación en Madrid y Barcelona roza la situación de emergencia.

29 El Pleno del Congreso de los Diputados aprueba el Estatuto vasco, que había logrado un apoyo mayoritario en referéndum.

30 El Pleno aprueba el estatuto para Cataluña.

La sangre que derrama ETA da "razones" a los "ultras" en su campaña de retorno a los modos dictatoriales: una vez más los extremos del espectro político se "ayudan".

Premonición dibujantil: un servidor adivinó el "tejerazo" de 1981... claro que gracias a ETA, GRAPO, Guerrilleros de Cristo Rey, ATE, Triple A y demás aquello no era difícil de esperar.

1979

MOSCÚ INVADE AFGANISTÁN: AQUÍ LA UCD, GARRAFAL. COMO TIENE CIEN "BARONES", SUÁREZ NO MUEVE PEONES.

← Son unas navidades pesarosas: la sensación es de que "todo va mal". La frase "con Franco esto no pasaba" es lanzada por los "ultras", que necesitaban el enfrentamiento de las dos Españas para justificar sus "postulados".

↑ La sociedad española está atemorizada ante la tenaza que forman ETA y los otros "ultras", pero de derechas.

← Y, además, la economía está hecha unos zorros: se ha actuado tarde en adoptar medidas y ya son parches imposibles... sólo las palabras del Rey en su discurso de Navidad animan a la gente... los ciudadanos tienen la sensación de que la Corona es la única institución que "está en su sitio".

2 Violentos enfrentamientos entre manifestantes y ultraderechistas de Fuerza Nueva en la celebración del Día de Andalucía. El Gobierno Civil clausura las sedes de Fuerza Nueva en Córdoba y Sevilla. En el resto de las capitales de provincia andaluzas, los manifestantes entonan el himno andaluz sin incidentes. Andalucía había dado ya los primeros pasos para convertirse en comunidad autónoma.

12 El diputado de la Unión de Centro Democrático Javier Rupérez es liberado tras permanecer secuestrado por la organización terrorista ETA durante un mes.

15 Regresa del exilio el ex presidente del gobierno vasco, Jesús María de Leizaola.

17 Cinco dirigentes del GRAPO se fugan de la cárcel de Zamora.

22 El Estatuto catalán aparece en el Boletín Oficial del Estado.

26 Tropas de la Unión Soviética invaden Afganistán. La capital, Kabul, es ocupada un día después. Estados Unidos suspende cualquier relación con la Unión Soviética.

31 España ratifica su adhesión a los códigos de la Ronda de Tokio, en la VII Conferencia Arancelaria del GATT, que aboga por la liberalización del comercio mundial.

diciembre 1979

forgesteca 1979

Eran, efectivamente otros tiempos. He aquí el "Decálogo del periodista Ibérico" que encargado por Pedro Crespo de Lara, un sevidor dibujó para la revista 'AEDE', de los editores españoles..., lean, comparen y si este Decálogo tiene algo que ver con gran parte de los "comunicadores" de hoy, me avisen.

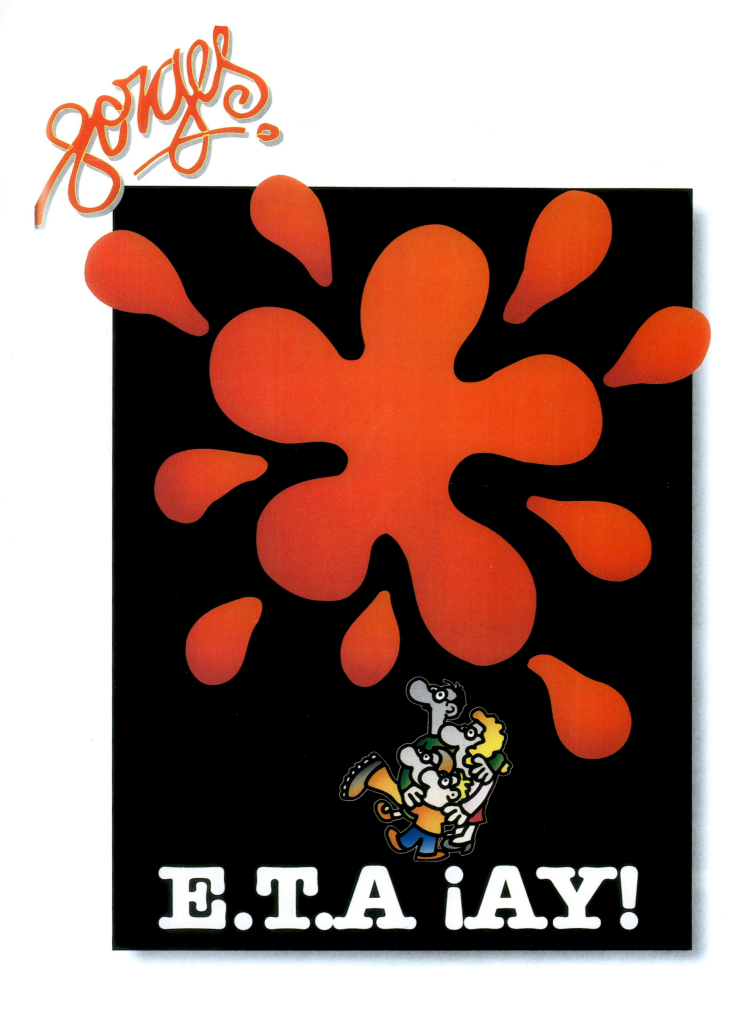

remember

Tarareos:
"Santa Lucía."
Miguel Ríos
"Don Diablo"
Miguel Bosé
"Aire"
P. Marín
"Can stop the music"
Village People
"Como yo te amo"
Rocio Jurado
"Xanadú"
O.N.John & la E.L.O
"Hey"
Julio Iglesias

Otros:
Leif Garret
Kiss
The Police

Pelis de Aquí:
"Opera Prima"
(Fernando Trueba)
"Patrimonio Nacional"
(Luis García Berlanga)
"Pepi, Luci, Bom..."
(Pedro Almodóvar)
"El Crack"
(José Luis Garci)
"Mano Negra"
(Fernando Colomo)

Se Van (¡Jó, qué año!):
A. C. Comín, amigo
J. Garrigues, político
N. Villalta, torero
B. Palencia, pintor
Félix Rodríguez de la Fuente, "bichólogo"
John Lennon, músico
Steve McQueen, actor
Reza Pahlevi, ex-sha
J. Broz "Tito", baranda
A. Hitchcock, director
Jane Paul Sartre, escritor

Viene:
El "Guernica"

Embajada sangrienta
El asalto de la policía guatemalteca a la embajada española, en busca de decenas de indígenas que habían solicitado refugio, acaba en una sangrienta matanza. España rompe las relaciones diplomáticas con el país centroamericano.

Félix se nos va
El famoso naturalista Félix Rodríguez de la Fuente, que se había convertido en uno de los personajes más famosos de Televisión Española, muere en un accidente aéreo en el territorio de Alaska. Su programa, "El hombre y la tierra" seguiría emitiéndose con gran éxito de audiencia.

Cataluña recupera su Parlament
Tras las elecciones regionales de marzo, en las que venció la coalición nacionalista liderada por Jordi Pujol, se constituye el nuevo Parlamento catalán. La UCD y Esquerra Republicana apoyan al gobierno de Pujol.

Renace el árbol de Guernica
Carlos Garaicoetxea toma posesión, ante el árbol de Guernica, como presidente del Gobierno vasco. En las elecciones de marzo su partido, el PNV, fue el más votado seguido de Herri Batasuna.

Suárez pasa el susto

Las tres derrotas electorales en Andalucía, País Vasco y Cataluña hacen mella en la imagen de Suárez y de todo su Gobierno. Sin embargo, por 24 votos de diferencia, Suárez sale victorioso de la moción de censura.

Felipe, al ataque

Felipe González presenta, como líder del PSOE, una moción de censura contra el gobierno de Suárez. Sabe que no cuenta con apoyos suficientes, pero consigue debilitar a Suárez y mostrar ante la opinión pública una imagen de moderación. El debate, televisado en su integridad, es seguido por millones de españoles.

Samaranch sube al podium del COI

Juan Antonio Samaranch, muy conocido en los ambientes empresariales de Cataluña, es elegido presidente del Comité Olímpico Internacional en la ciudad de Moscú. Es el cargo de mayor responsabilidad del deporte internacional.

El divorcio que viene

La Conferencia Episcopal y los grupos de tendencia católico-conservadora comienzan una campaña contra la posibilidad de que se apruebe la Ley del Divorcio. La entrada de Fernández Ordóñez en Justicia, en el mes de septiembre, será determinante.

Suárez supera una moción de censura del PSOE. Convergencia y el PNV vencen en sus autonomías.

Tiempos de "movida"

El comienzo de la década de los 80 hace pensar a algunos españoles que entrar en el juego de la Democracia era cosa de niños. Disfrutar de libertad de expresión ya no extrañaba a nadie. En la calle se respiraba libertad: llegaban los tiempos de la "movida". Un bocado amargo para los retrógrados, que conspiran desde sus guaridas urdiendo tramas golpistas que frenaran tanta libertad. Los gobiernos nacionalistas dominan en Cataluña y el País Vasco. Mientras, el paro comienza su escalada de negras cifras. Y el PSOE prepara su "cuenta atrás".

EL TERRORISMO ASESINO SIGUIÓ, TERNE, SU CAMINO.
MILITARES BELICISTAS, A FUER DE INTERVENCIONISTAS.

enero

5 Se firma el primer acuerdo marco interconfederal entre el sindicato UGT y la patronal CEOE. El otro gran sindicato, CC.OO, no firma.

10 La banda terrorista ETA asesina a un comandante de la Policía Foral de Alava. Ese día se aprueba la Ley del Estatuto de Radio y Televisión.

14 ETA asesina a un miembro de la Guardia Civil.

16 Los restos mortales de Alfonso XIII salen de Roma con destino a España.

19 Los restos mortales de Alfonso XIII son depositados en el Panteón de los Reyes del Monasterio de San Lorenzo del Escorial. El ministerio de Hacienda descubre irregularidades en las cuentas de RTVE.

20 Un grupo de ultraderecha asesina a cuatro personas en un bar de Basauri, en Vizcaya, frecuentado por nacionalistas vascos. Horas más tarde, ETA asesina a cuatro guardias civiles en un bar de Marquina, también en Vizcaya. Días después fue asesinado otro policía nacional.

31 La policía guatemalteca asalta la embajada española en el país centroamericano. Mueren 40 personas y España rompe las relaciones diplomáticas.

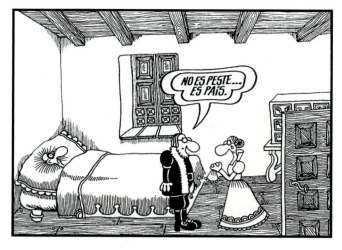

← La ultraderecha, la ETA y el GRAPO convierten a España en un campo de Agramante. El sangriento saldo de enero es de 12 asesinatos. Muchos españoles pensaron que no sería posible la deseada convivencia.

↓ El ministerio de Hacienda descubre irregularidades en la gestión de TVE... la evolución de la televisión pública franquista comienza a ser rechazada por los espectadores.

↓ El clamor contra la programación de la tele es enorme: se ha iniciado la "telebasura" y la gente está que trina.

1980

REFERÉNDUM ANDALUZ; A ADOLFO LE DA UN PARRÚS...
...Y QUIZÁ PARA "VER LUZ", VIAJA AL ESTRECHO DE ORMUZ.

↙ La orgía terrorista continúa... la impericia de las FOP, obsoletas en sus medios y métodos para batir el terrorismo, cuesta ríos de sangre... los españoles nos esperábamos cualquier cosa.

1 La organización terrorista ETA asesina a seis guardias civiles en la localidad vizcaina de Lequeito.
2 El ultraderechista Emilio Hellín, miembro del Batallón Vasco Español, asesina a la joven Yolanda González en Madrid.
3 El Fondo de Garantía de Depósitos eleva a 750.000 pesetas la cifra a reembolsar a los depositantes en las crisis bancarias. Anteriormente, el reembolso era de 500.000 pesetas.
9 ETA asesina al comandante de Infantería Miguel Rodríguez Fuentes.
18 Comienza en Madrid el juicio por el atentado contra el despacho de abogados laboralistas de la calle Atocha.
21 El ministerio del Interior presenta un informe ante el Congreso en el que se afirma que los atentados han aumentado de forma alarmante, hasta tres por semana.
27 El Congreso de los Diputados aprueba, con los votos en contra del PCE y el PNV, el Estatuto de los Trabajadores, consecuencia de los "Pactos de la Moncloa".
28 Andalucía celebra un referéndum popular para aprobar lo que debería ser su estatuto de autonomía.

febrero

↙ Para colmo de histerización de la "gente bien de toda la vida" se inauguran los primeros "sex-shop" y los anuncios por palabras. La prensa abre una eufemística sección de "Masajes". Por cierto, hablando de "gente bien": el "ABC" es de los primeros en iniciarla ("donde hay un duro, a por él", proverbio conservador).

↗ "Con Franco esto no pasaba", dicen los franquistas, cuando deberían decir "con Franco esto no se publicaba en los periódicos". Se impone la frase "seguridad ciudadana". También, ya se publican todos los atracos, robos y violaciones.

ELECCIONES EUSKALDUNAS: UCD LAS TIENE DURAS.
Y EN CATALUÑA, LO MISMO: LES BARRE EL NACIONALISMO.

marzo

6 La Audiencia Nacional dicta sentencia en la causa seguida contra los inculpados en la matanza de Atocha. Tres años después del múltiple asesinato, cinco personas son condenadas.

9 Elecciones en el País Vasco. Vence el Partido Nacionalista Vasco, con el 38 por ciento de los votos y 25 escaños. Herri Batasuna consigue 11 escaños y se sitúa como segunda fuerza política. La UCD sufre un duro revés al obtener sólo seis escaños.

10 Se publica en el BOE la Ley del Estatuto de los Trabajadores.

15 El Rey Juan Carlos inaugura la fábrica de General Motors en Figueruelas (Zaragoza), que creará diez mil puestos de trabajo.

19 Siguen las negociaciones para la entrada de España en la Comunidad Económica Europea. La agricultura y la libre circulación de trabajadores son las cuestiones que plantean más problemas.

20 La coalición nacionalista CiU gana las elecciones autonómicas en Cataluña con el 27,7 por ciento de los votos. Pero Pujol no obtiene la mayoría absoluta y se ve obligado a pactar con la UCD y con Esquerra Republicana.

29 José María Peiró, de 13 años, es el primer niño víctima en un atentado de ETA.

30 Se constituye el primer parlamento vasco, sin la presencia de Herri Batasuna.

Elecciones catalanas: gana la coalición de CiU. Pujol es ya "el Honorable". Los estatutos de autonomía comienzan a dar sus frutos: son algunas de las armas democráticas para defender el Estado de Derecho contra los intolerantes.

Los hoy llamados (denostados) "fondos reservados", se llamaban entonces "fondos de reptiles": UCD también, como todos los gobiernos, los empleó a zorrombullón...

La derechona de AP se lava y relava la cara para intentar una mejor imagen electoral. Denostados franquistas la abandonan, pero la afiliación sigue siendo nula.

1980

A MARI PILI MIRÓ EL "BÚNKER" CASI ENTRULLÓ: FUE POR EL "CRIMEN DE CUENCA", QUE ERA VERDAD PURULENTA.

⬇ Un particular denuncia ante el Senado una supuesta malversación de mil millones de pesetas provinientes de las indemnizaciones a los repatriados del Sahara... los modos franquistas de "gerenciar" el dinero público continúan siendo norma.

abril

2 La Audiencia Nacional reconoce que existe corrupción en el Ente de Radio Televisión Española.
5 Es retirada del Salón de Plenos de la Casa de la Villa de Madrid la lápida conmemorativa de la visita de Francisco Franco al Ayuntamiento.
6 El empresario José María Ruiz Mateos, propietario del hólding Rumasa, es uno de los españoles con mayor patrimonio: 8.940 millones de pesetas.
9 Carlos Garaicoetxea, del Partido Nacionalista Vasco, elegido jefe del Gobierno del País Vasco.
15 Pilar Miró es juzgada por un Tribunal Militar al declararse autora de la película "El crimen de Cuenca". Según la acusación, en la película se "manchaba" el buen nombre de la Guardia Civil. Finalmente, la película se estrena en toda España y se convierte en uno de los títulos más taquilleros de los últimos años. Un joven militante de la CNT, Jorge Caballero, es asesinado en la Gran Vía de Madrid por un grupo de ultraderechistas.
16 Xabier Arzallus, elegido presidente del PNV en sustitución de Carlos Garaicoetxea.
24 Jordi Pujol, nombrado presidente de la Generalitat de Catalunya.
27 Manifestaciones antinucleares en el País Vasco a favor de la demolición de Lemóniz.

↗ Ahora es la Audiencia Nacional la que reconoce que en TVE ha habido corrupción... además de que la programación es tan mala que, a veces, asusta (esto no lo decía la Audiencia, lo decíamos la gente).

↘ Se empiezan a oir rumores del malestar "ejercital". Se dice, se rumorea, se comenta que hay partidos que están negociando con los "Kaki boss" no se sabe muy bien qué... aparecen en la prensa términos del estilo de "democracia tutelada" muy sospechosos.

1980

ROSÓN EN GOBERNACIÓN: EN LA BOCA DEL LEÓN.
UNA MOCIÓN DE CENSURA PIERDE EL PSOE CON GALANURA.

La sentencia contra los militares implicados en la golpista "Operación Galaxia" es de risa; risa triste, pero risa al fin...

mayo

2 Se forma el quinto gobierno de Adolfo Suárez, empujado por las tres últimas derrotas electorales (Andalucía, País Vasco y Cataluña). Juan José Rosón asume la cartera de Interior y Rafael Arias Salgado la de Presidencia.

6 Un muerto y tres heridos en un atentado ultraderechista en el Bar San Bao de la calle Arturo Soria de Madrid.

7 Decepción ante la sentencia contra los procesados por la Operación Galaxia. Los dos principales acusados, Antonio Tejero y Ricardo Sáenz de Ynestrillas, son condenados a penas muy leves: siete meses de prisión y seis meses y un día, respectivamente.

9 El Tribunal Supremo condena a pena de cárcel al director de "El País", Juan Luis Cebrián, por un editorial titulado "Prensa y Libertad".

20 El PSOE presenta en el Congreso de los Diputados una moción de censura al Gobierno de UCD.

31 El empresario catalán Jesús Serra Santamans es liberado tras seis días de secuestro. Las librerías de la Feria del Libro de Madrid cierran en protesta por la detención de cuatro compañeros que vendían "El libro rojo del cole".

Para acabar de arreglarlo, las notas oficiales intentando "reparar" los desastres en el orden público son indignantes... en una de ellas se llega a afirmar que la policía "... se vio obligada a repeler la agresión de los manifestantes, empleando su armamento reglamentario". Los manifestantes eran desarmados jornaleros andaluces.

Quinto gobierno de Adolfo Suárez: Los cambios en el Ministerio del Interior son desesperados intentos de acabar con los modos y maneras antidemocráticos de siglos y siglos de poder omnímodo.

1980

MARRUECOS Y PESCADORES: COMIENZAN LOS SINSABORES.
MUCHO PESCAR SIN RECATO: AHORA HAY QUE PAGAR EL PATO.

➡️ Primera Ley del Parlamento Catalán: El 11 de septiembre se celebrará la Diada, fiesta nacional de Cataluña.

⬅️ El "tapón franquista" en los escalafones de las instituciones y la Administración sigue siendo un obstáculo para la democratización del país: Suárez, maniatado por el terrorismo, no pudo, o no supo, ser radical con las "jubilaciones anticipadas" y los "pases a la reserva".

5 El presidente de Francia, Valéry Giscard D'Estaing propone frenar el proceso de ampliación de la CEE con España y Grecia. Es lo que se conoce como "parón Giscard".

12 Primera Ley del Parlamento catalán: El 11 de septiembre es declarada fiesta nacional en Cataluña.

13 En Instituto de Reforma y Desarrollo Agrario (IRYDA) inicia el expediente de expropiación de 87 fincas en Andalucía y Extremadura, que ocupan una extensión de 14.619 hectáreas. en virtud de la Ley de Fincas Manifiestamente Mejorables.

15 Marcelino Oreja anuncia una rápida incorporación a la OTAN, sin referéndum previo. Cerca de una veintena de pesqueros españoles son apresados por patrulleras marroquíes a 20 millas de las costas de Marruecos.

16 Agricultores franceses queman en la frontera camiones españoles que transportan productos agrícolas a Europa.

25 ETA anuncia el inicio de una campaña de atentados para lograr la liberación de 19 militantes.

30 Detenidos dos dirigentes de Euskadiko Ezquerra.

↗️ Acosado por todas partes, desde dentro de su propio partido hasta la agraz oposición del PSOE pasando por la prensa, la salud de Suárez se resiente: su dentadura empieza a ser "cuestión de Estado".

junio
1980

YA HAY CONSTITUCIONAL: EN DEMOCRACIA, NORMAL. EN MOSCÚ, 5 MEDALLAS PORQUE ERAN LAS OLIMPIADAS.

← La presión a Suárez es terrible: se ve obligado a proponer su dimisión a la comisión permanente de UCD, pero sus emburruñadores "barones" se achantan y le confirman... En la calle, Luis Aguilé es el "ídolo" de las masas televisivas.

julio

2 Entran en vigor las reducciones arancelarias como consecuencia del acuerdo entre España y los países de la Asociación Europea de Libre Cambio (EFTA).

10 Estados Unidos no cederá a España tecnología de armamento naval, a pesar de disponer de tres bases en territorio español: Morón, Torrejón y Rota.

12 Sesión de apertura del Tribunal Constitucional. En su discurso inaugural, el Rey Juan Carlos afirma que este Tribunal nace para garantizar los preceptos que recoge la Constitución, que deberán ser respetados tanto por los ciudadanos como por los poderes públicos.

18 Adolfo Suárez propone la dimisión en la mesa de la comisión permanente de la UCD, pero la retira al manifestarle su apoyo el resto de líderes del partido centrista.

22 Una gran manifestación en La Coruña protesta por el vertido de residuos nucleares en aguas internacionales próximas a las costas del noroeste de España.

25 Un comando de la organización terrorista ETA roba 7.000 kilos de Goma-2 en un polvorín de Santander, propiedad de la empresa Explosivos Río Tinto.

↙ Como el 18 de julio ya no es fiesta nacional, pasa bastante desapercibido. Sólo unos cuantos "remember fachas" se reúnen desperdigadamente.

↗ Habían desaparecido ya las clasificaciones censoriales de las películas y obras de teatro. Hasta entonces, textualmente, habían sido clasificadas con: 1: "Para niños"; 2: "Autorizada para todos los públicos"; 3: "Mayores"; 3-R: "Mayores con reparos" (morales, se entendía) y 4: "Gravemente peligrosa". ¿A que parece una "coña"? Pues no: no lo era.

MASACRAN A LOS URQUIJO: TAMBIÉN HAY SANGRIENTOS "PIJOS".
SE DIJO QUE FUE SU YERNO: NO LO SABREMOS, ME TEMO.

↘ Ya hay 1,5 millones de parados en España: el 11,7% de la población activa... el petróleo está a 32 dólares el barril y los precios de las cosas siguen su desenfrenado galope.

1 Los Marqueses de Urquijo son asesinados en su chalet de Somosaguas en Madrid. Dos personas son detenidas como presuntos autores del crimen: Javier Anastasio, que se fuga antes del juicio oral y Rafael Escobedo, ex marido de la hija de los marqueses, Miriam de la Sierra. Escobedo se suicidaría en julio de 1.988 en su celda del penal del Dueso, en Santander.

15 El pueblo sevillano de Marinaleda se declara en huelga de hambre para protestar contra los escasos fondos del empleo comunitario.

18 Diversos pueblos sevillanos emprenden huelgas de hambre promovidas por el Sindicato de Obreros del Campo, en solidaridad con el pueblo de Marinaleda.

21 Las relaciones hispano-saharauis atraviesan uno de sus momentos más delicados. Adolfo Suárez se niega a negociar con el Frente Polisario.

25 Diez presos preventivos se fugan de la cárcel de Alcalá de Henares. Entre ellos está el ultra Emilio Hellín, presunto autor de la muerte de Yolanda González, que es detenido una hora después.

27 El Organismo Internacional de Energía Nuclear homologa, con reservas, la central de Lemóniz.

agosto

↑ En agosto aparece el SOC, Sindicato de Obreros del Campo. Una huelga de hambre es la respuesta de los jornaleros de Marinaleda ante el acuciante paro. Para no variar, los antidisturbios se emplean a fondo.

← La ultraderecha ha creado cientos de estructuras a partir de escisiones de Fuerza Nueva; las "pintadas" nazis inundan las paredes patrias. La invitación a la rebelión militar es muy evidente.

1980

NUEVO GOBIERNO ¿Y VAN 6?: CHUNGO LO TIENE UCD.
ORDÓÑEZ LLEGA A JUSTICIA: ESPAÑA SE BENEFICIA.

➜ El follón es tan tremendo a la vuelta del verano que Suárez forma su 6º Gobierno y luego gana una cuestión de confianza en el Parlamento... y mientras, en la calle, la izquierda mueve a sus adeptos en "manis" y huelgas.

septiembre

2 Enrique Briz Armegol es el primer general asesinado en Barcelona. El atentado es reivindicado por los GRAPO.

3 Se aprueba la ampliación de los fondos destinados al empleo comunitario de Andalucía y Extremadura.

8 Tras sólo cuatro meses desde la última remodelación, Adolfo Suárez presenta lo que será el sexto y último gobierno de su mandato. Leopoldo Calvo Sotelo se perfila como el nuevo hombre fuerte del Gobierno, en sustitución de Abril Martorell. Se incorporan seis nuevos ministros, entre ellos Fernández Ordóñez en Justicia y Martín Villa en Administración Territorial. Marcelino Oreja y García Añoveros salen del gabinete.

18 Tras someterse a una cuestión de confianza en el Congreso, Adolfo Suárez continúa como presidente del Gobierno con 180 votos a favor, 164 en contra y dos abstenciones.

21 Se publica la Ley Orgánica de Financiación de las Comunidades Autónomas (LOFCA).

22 Se declara la guerra Irán-Irak, que tendrá una gran influencia sobre los precios del mercado energético.

1980

HETE AQUÍ "CALIENTE OTOÑO": LA IZQUIERDA YA ESTÁ HASTA EL MOÑO. LA DERECHONA, FELIZ: "NO PUEDE SEGUIR ASÍ".

3 Se aprueban los traspasos de enseñanza a Cataluña, como un paso más en la normalización lingüística impulsada por los nacionalistas catalanes.

8 Se publica en el Boletín Oficial del Estado la importante Ley Básica del Empleo.

14 La diplomacia española y el Frente Polisario negocian la liberación de los 36 marineros capturados en aguas saharauis y que están retenidos en la ciudad de Tinduf. Tras una dura negociación, se llega a un acuerdo al reconocer el gobierno español el derecho a la autodeterminación del pueblo saharaui.

17 Dos muertos y tres heridos en un tiroteo en el interior del Palacio de Justicia de Barcelona.

20 La Corporación Bancaria interviene la Banca López Quesada para su reflotación.

23 Se constituye el Consejo General del Poder Judicial, como órgano representativo de la judicatura. Mueren 49 niños y tres adultos al explotar el cuarto de calderas de un colegio en Ortuella (Vizcaya).

30 Ante las graves críticas contra la secretaria del Partido Comunista, Santiago Carrillo asegura que "no tengo intención de privar al partido de mi persona".

FUTURO DIRECTOR GRAL. DE LA POLICÍA EN UNA "MANI" DE OCTUBRE DEL 80

← Con la reivindicativa izquierda en la calle y la derecha crecida y desafiante, el Gobierno centrista de UCD afronta un "otoño caliente": Porrazos, balas de goma y de las otras y botes de humo llegan por los más recónditos lugares patrios.

LOS YANQUIS VOTAN A REAGAN: LA DERECHA SE ENCABRITA.
SOPLAN VIENTOS DEL "IMPERIO", MÁS CARROZAS QUE UN SAHUMERIO.

noviembre

4 Se celebran elecciones generales en Estados Unidos en las que el conservador Ronald Reagan vence al demócrata Jimmy Carter.

6 El financiero cubano Pedro Abreu, secuestrado hace mes y medio, es liberado cerca de Madrigal del Monte, en la provincia de Burgos.

11 Se publica la Ley de Montes vecinales en Mano Común.

16 Asalto frustrado de la organización terrorista ETA Político Militar al cuartel de Berga, en Barcelona. Finaliza en Madrid el XV Congreso Internacional Socialista, en el que resulta reelegido presidente el alemán Willy Brandt.

20 Un cuarto de millón de personas acuden a la Plaza de Oriente de Madrid para conmemorar la muerte de Franco.

23 Atentado parapolicial contra un bar de Hendaya, en la frontera francesa, frecuentado por simpatizantes abertzales. Son asesinadas dos personas.

30 Finalizan las elecciones sindicales que se han celebrado durante los últimos meses en toda España. Vence, por estrecho margen, CC.OO.

Suárez está "roto": Se muestra impotente ante el feroz acoso y derribo de todos contra él...

La vertiginosa marea política hace que se obvien los "modos franquistas" que aún perduran en la Administración... y que lo harán durante mucho tiempo.

Los terroristas siguen haciendo el juego a los exaltados militares franquistas, que son aún una mayoría en el Ejército. El "ruido de sables" es atronador... y en la conmemoración del 20-N en la Plaza de Oriente los asistentes han sido muchos más que en 1979: se dice que 250.000.

1980

LA LEY ANTITERRORISTA, A LOS ABUSOS DA PISTA.
(LUEGO FUE LA LEY CORCUERA; PERO ESO FUE EN OTRA ERA).

La avalancha de acontecimientos hace del fin de año del 80 una "orgía informática". La tensión es enorme; el pueblo ha tomado conciencia de que le corresponde el ejercicio de la Libertad y la quiere ya... atrapada en el pasado y vapuleada en el presente, la UCD y su Gobierno están, pero no son.

diciembre

1 Entra en vigor la Ley Antiterrorista. Se propone desarrollar los supuestos previstos en la Constitución sobre la privación de los derechos fundamentales para las personas relacionadas con bandas armadas que preparen, ejecuten o inciten acciones terroristas o hagan apología de las mismas. Entre los derechos que pueden quedar en suspenso en estos casos destacan los de la inviolabilidad del domicilio y de las comunicaciones.

6 Los Mossos d'Esquadra pasan a depender de la Generalitat de Catalunya.

9 Adolfo Suárez visita el País Vasco. El PNV paraliza todos los ayuntamientos que controla pero, al final, se firma un amplio acuerdo entre el presidente del Gobierno y Carlos Garaicoetxea.

17 El Frente Polisario libera a 36 marineros españoles. Tras 11 meses en el exilio, el periodista Xavier Vinader ingresa en Carabanchel después de entregarse en la Audiencia Nacional.

21 Galicia refrenda su estatuto de autonomía, aunque sólo acuden a las urnas el 26 por ciento de los electores. Pronto se convocarán elecciones para la Xunta.

forgesteca 1980

Ya en 1980, los periodistas pueden escribir de política, prácticamente en libertad. Y así los chistógrafos entregamos el relevo de lo "político" y nos dedicamos cada vez más al "humor por el humor". Un servidor da a "luz", precisamente en Interviú, a Mariano el "Sobrio". He aquí algunas de sus primeras apariciones.